빅터 프랭클의 죽음의 수용소에서

Man's Search For Meaning

빅터 프랭클의

죽음의 수용소에서

목차

2 —— 로고테라피란 무엇인가

3 —— 비극 속에서의 낙관

1984년판에 부친 서문

이 책의 영어판이 73쇄에 이르렀다. 그동안 번역판도 19개 언어로 출판됐으며, 영어판 하나가 250만 부나 팔리는 기록을 세웠다. 아마 이 때문에 미국의 신문 기자나 텔레비전 방송국 기자들이 인터뷰를 시작할 때 감탄조로 이런 질문을 하는지도 모른다.

"프랭클 박사님. 박사님 책이 정말로 베스트셀러가 됐습니다. 이 성공을 어떻게 생각하십니까?"

이 질문에 내가 한 대답은 이렇다. 우선 우리 시대의 불행을 기록한 이 책이 베스트셀러가 되었지만, 나 개인적으로는 그렇게 대단한 성과나 성공이라고 생각하지 않는다. 하지만 그렇게 많은 사람이 삶의 의미에 관한 문제를 다룰 것으로 보이는 제목의 이 책을 선택했다는 것은, 그만큼 사람들에게 이 문제가 절박하다는 사실을 입증하는 것이다.

이 책이 많은 사람에게 영향을 준 데는 또 다른 이유도 있다. 바로 책 뒷부분에 제2부를 첨가했기 때문이다. 이론적인 문제를 다룬 〈제2부 로고테라피란 무엇인가〉는 자전적인 이야기를 기록한 〈제1부 강제 수용소에서의 체험〉에서 얻을 수 있는 교훈을 요약한 것이다. 따라서 이 책의 제1부와 제2부는 서로의 신빙성을 보완하고 있다고 볼 수 있다.

1945년 처음 책을 쓸 때만 해도, 나는 2부에 대해서는 전혀 생각하지 않았다. 그리고 아흐레에 걸쳐 이 책을 쓰면서, 책을 익명으로 내겠다고 굳게 마음먹고 있었다. 실제로 이 책의 독일어 초판본 표지에는 내 이름이 없다. 하지만 초판이 출간되기 바로 직전에 적어도 속표지에는 내 이름이 들어가야 하지 않겠느냐는 친구의 권유를 받아들이기로 했다. 익명으로 내려던 이 책이 나에게 문학적인 명성을 가져다줄 것이라고는 전혀 기대하지 않았다. 내가 원했던 것은 독자에게 어떤 상황에서도, 심지어는 가장 비참한 상황에서도 삶이 잠재적인 의미를 지닌다는 사실을 구체적인 예로 전달하는 것뿐이었다. 만약 강제 수용소와 같은 극단적인 상황에서 이것이 입증된다면, 사람들이 내 말에 귀를 기울일 거라고 생각했다. 나는 내가 겪은 일을 기록할 책임이 있다고 느꼈다. 그것이 절망에 빠진 사람에게 도움이 될 거라고 생각했기 때문이다.

내가 쓴 책 중에서 처음에는 익명으로 출판하려고 했고, 저자의 명성에 별다른 도움이 되지 않을 거로 생각했던 바로 이 책이 커다란 성공을 거두었다는 것은 참 이상하고도 놀라운 일이다.

평소에 나는 학생들에게 거듭해서 이렇게 타이르곤 한다.

"성공을 목표로 삼지 말라. 성공을 목표로 삼고, 표적으로 삼을수록 그것에서 더 멀어질 뿐이다. 성공은 행복과 마찬가지로 찾을 수 있는 것이 아니라 찾아오는 것이다. 행복은 반드시 찾아오게 되어 있으며, 성공도 마찬가지이다. 그것에 무관심함으로써 저절로 찾아오도록 해야 한다. 나는 여러분이 양심의 소리에 귀를 기울이고, 그 소리에 따라 확실하게 행동할 것을 권한다. 그러면 언젠가는, 얘기하건대 언젠가는! 정말로 성공이 찾아온 것을 볼 날이 올 것이다. 왜냐하면 그때쯤 여러분은 성공에 대해 생각하기를 잊어버렸을 것이기 때문이다."

친애하는 독자들에게 말하건대 앞으로 전개될 이야기에서 나는 아우슈비츠에서의 체험으로 얻은 교훈을 보여 줄 생각이다. 그리고 그에 앞서 쓰는 이 서문에서는 의도하지 않았던 베스트셀러가 된 데서 얻은 교훈을 이야기하고 있다.

개정판에서는 책의 이론적인 결론을 갱신하기 위해 뒷부분에 한 장을 더 추가했다. 1983년 6월 서독 레겐스부르크 대학 대강당에서 열렸던 제3차 로고테라피 세계 대회에서 명예 회장 자격으로 발표했던 내용을 간추린 것이다. 이 내용을 1984년판 뒷부분에 추가하고, '비극 속에서의 낙관'이라고 제목을 붙였다. 이 장에서는 요즘 사람의 관심사를 살펴보고, 인간 존재의 모든 비극적인 요소 속에서 어떻게 하면 삶에 '네'라고 말할 수 있는지 이야기한다. 다시 제목으로 돌아가 그 의미를 풀어 보면, '비극 속에서의 낙관'이라는 제목은 '비극적인' 과거로부터 얻은 교훈에서 미래에 대한 '낙관'이 샘솟을 것이라는 희망을 담아 붙인 것이다.

빅터 프랭클

1983년 빈

옮긴이 서문

이 책과 나의 첫 번째 만남은 여기서부터였다. 전쟁이 휩쓸고 간 거리, 추위와 굶주림에 고픈 배를 움켜잡았다. 어지럽고 메스꺼워 더는 걸을 수가 없었다. 가판대에 놓여 있는 헌책 한 권이 겨우 눈에 들어온다.《죽음의 수용소에서》. 나는 앉은 채로 읽어 내려갔다. 전율과 감동으로 몸서리치며 번쩍 정신이 든다.

'아, 그래도 거기보다는 여기가 낫지 않은가.'

널브러져 앉은 내 꼴이 부끄러워서 벌떡 일어났다.

두 번째 인연은 정신과 수련의 시절에 읽은《빅터 프랭클의 로고테라피》였다. 내가 접한 어떤 정신 치료 서적보다 설득력이 있고 실용적이었다. 로고테라피는 지금까지도 정신과 임상에서 내가 가장 많이 응용하는 기법이다. 연단에서

떠는 환자에게 '더 떨어 보라'라고 한 그의 역설 기법은 내가 대인 공포 클리닉에서 사용하는 핵심 치료 기법이다.

세 번째 만남은 빈 대학에서 열린 세계정신의학회 회장에서였다. 프랭클의 강연장은 초만원이었고, 이윽고 들어선 그는 겸손과 따뜻함이 넘쳐흐르는 너무나 평범한 시민의 모습이었다. 인간으로서 그리고 정신과 의사로서 내가 가장 존경해 왔던 대학자와의 만남이 드디어 이루어지는 순간이었다.

네 번째 만남은 2002년 아우슈비츠에서였다. 참혹했던 당시 모습이 너무 생생하게 떠올랐다. 그의 책에서 읽은 아픔이 그대로 전달됐기 때문이다.

그리고 이번이 다섯 번째 인연이다. 얇은 책 한 권이 한 인간에게 오랜 세월 큰 감동을 주기란 쉽지 않다. 이 책은 그만큼 진실하고 설득력이 있다. 이론이 아닌 극한의 상황을 겪어 낸 그의 체험담이기 때문이다.

20세기 대표적 사상가의 질곡 많은 생애가 한 세기를 증언하고 있다. 돌이켜 생각하면 20세기는 과학 기술의 발달로 물질적 풍요를 누린 시대였다. 하지만 끊임없는 전쟁과 살육으로 얼룩진 아픔의 시대이기도 하다. 사람들은 불안과 우울, 실존적 공허와 고독으로 몸을 떨었다.

이런 시대 상황이었기에 그의 체험담에서 우러난 의미 치료 기법은 대단히 설득력이 있다. 지옥보다 더한 극한 상황에서도 남을 배려하는 따뜻하고 유머러스한 말 한마디와 빵 한 조각을 나누어 주는 고귀한 인간의 혼을 지켜본다. 그는 생사의 갈림길에 서 있는 공포와 싸우면서 어떤 절망에도 희망이, 어떤 존재에도 거룩한 의미가 있다는 걸 설파한다.

그는 수용소 네 곳을 전전하면서도 끝까지 삶의 품위를 잃지 않고 성자처럼 버티어 나가 육체적으로나 정신적으로 건강하게 생환해 온 산증인이다. 지난 1997년 92세로 삶을 마칠 때까지 그의 영혼은 호수처럼 맑았다고 후학들은 전한다.

이 책에는 〈제1부 강제 수용소에서의 체험〉, 〈제2부 로고테라피란 무엇인가〉와 함께 1984년 개정판에서 첨가된 〈제3부 비극 속에서의 낙관〉까지 수록해 더 실질적인 치료 기법을 누구나 알기 쉽게 해 준다.

빅터 프랭클은 오늘을 살아가는 현대인에게 삶의 의미와 존재 가치를 일깨워 주는 대학자이자 평범한 시민이었다. 그런 그가 강제 수용소에서 한 경험은 이제 개인의 경험이 아닌 인류의 경험이 됐다. 책장을 덮은 지금도 이 책의 감동은 여전히 남아 있다. 이제는 모든 독자와 이 감동을 같이하고 싶다.

이시형

추천의 글

저술가이자 정신과 의사인 프랭클 박사는 크고 작은 고통으로 고생하는 환자들에게 가끔 이렇게 묻는다.

"그런데 왜 자살하지 않습니까?"

이렇게 물으면 어떤 사람은 아이를 너무나 사랑하기 때문이라고 하고, 또 어떤 사람은 재능이 아까워서라고 한다. 그리고 어떤 사람은 그저 간직하고 싶은 추억에 대한 미련 때문인지도 모른다고 대답한다. 환자들의 이런 대답에서 프랭클 박사는 정신과 치료에 중요하게 적용될 수 있는 어떤 지침들을 발견하곤 한다. 조각난 삶의 가느다란 실오라기를 엮어 하나의 확고한 형태를 갖춘 의미와 책임을 만들어 내는 것. 이것이 바로 프랭클 박사가 독창적으로 고안한 '실존적 분석', 즉 로고테라피의 목표이자 과제이다.

이 책에서 프랭클 박사는 로고테라피를 창안하는 계기가 됐던 자기 체험을 이야기한다. 잔인한 죽음의 강제 수용소에서 생활하면서 그는 자신의 벌거벗은 실존과 만난다. 아버지, 어머니, 형제, 아내가 강제 수용소에서 죽음을 맞았거나 가스실로 보내졌다. 누이를 제외하고, 가족 모두가 강제 수용소에서 몰살당한 셈이다. 가진 것을 모두 잃고, 모든 가치가 파괴되고, 추위와 굶주림, 잔혹함, 시시각각 다가오는 몰살의 공포에 떨면서도, 어떻게 삶을 지켜야 할 가치가 있는 것으로 생각할 수 있었을까?

정신과 의사라면, 이처럼 극한 상황에 직면했던 한 정신과 의사의 말에 귀를 기울일 필요가 있다. 만약 그런 사람이 있다면, 그는 인간이 처한 상황을 따스한 마음으로 슬기롭게 바라볼 수 있을 것이다. 프랭클 박사의 말은 진실로 심오한 울림을 지니고 있다. 왜냐하면 이 이야기는 꾸며 낸 것이 아니라 바로 그 자신의 절실한 체험에서 우러나온 것이기 때문이다.

프랭클 박사의 말에 권위가 있는 이유는 그가 빈 대학교 의학부에서 실제 교수로 재직했으며, 그의 유명한 빈 신경과 외래 진료소를 본뜬 로고테라피 클리닉이 세계 곳곳에 설립되고 있다는 것으로도 알 수 있다.

우리는 먼저 정신 의학 이론과 치료에 대한 빅터 프랭클의 접근법을 선배 학자인 지그문트 프로이트(Sigmund Freud)의 연구와 비교할 수밖에 없다. 이 두 의학자는 신경 질환의 특성과 치료에 큰 관심이 있었다. 프로이트는 고통을 주는 혼란의 원인을 서로 모순되는 무의식적 동기에서 비롯된 불안에서 찾았다. 반면에 프랭클은 신경 질환을 여러 형태로 분류한 뒤, 그중 누제닉 노이로제와 같은 몇 가지는 환자가 자기 존재에 대한 의미와 책임을 발견하지 못한 데 그 원인이 있다고 생각했다. 프로이트는 성적 욕구 불만에 초점을 맞춘 반면, 프랭클은 '의미를 찾으려는 의지'의 좌절에 초점을 맞추었다.

오늘날 유럽은 프로이트의 정신 의학에서 크게 방향을 전환해 실존적 분석을 폭넓게 받아들이는 추세로 나아가고 있다. 로고테라피 학파는 바로 이런 추세와 연관이 있다. 프로이트 이론을 거부하지 않으면서 그의 업적 위에 기꺼이 자신의 이론을 쌓아 올리고, 자기 것과는 다른 형태의 실존적 치료법을 주장하는 사람들과 논쟁하지 않고 그들과 유대를 맺으며 공동 보조를 맞춰 나간다. 이러한 관대함이 프랭클 이론의 특징이라고 할 수 있다.

여기에 쓰인 경험담은 비록 간략하지만 짜임새가 있으며,

사람의 마음을 끌어당기는 흡인력이 있다. 나도 책에 흠뻑 빠져 앉은자리에서 단숨에 읽은 적이 두 번이나 있다. 이야기가 중반 정도 지나면 프랭클 박사가 자신이 창안한 로고테라피에 관한 철학을 도입할 것이다. 하지만 흘러가는 이야기 속에 너무나 자연스럽게 도입되기 때문에 독자들은 책을 다 읽고 난 후에야 비로소 이것이 단지 참혹한 강제 수용소에 관한 기록이 아니라 어떤 깊은 의미를 담고 있는 글이라는 사실을 깨닫게 된다.

프랭클 박사의 자전적인 이야기를 통해 독자들은 많은 것을 배울 수 있다. 그는 인간이 '우스꽝스럽게 헐벗은 자기 생명 외에 잃을 것이 아무것도 없다'라는 사실을 깨달았을 때 어떤 일이 벌어지는지 보았다. 이때 사람들의 마음속에서 일어나는 감정과 무감각의 복잡한 흐름을 생생하게 묘사한다. 제일 먼저 그들은 자기 운명에 대해 냉정하고 초연한 궁금증을 갖는 것에서 구원을 찾는다. 그런 다음에는 곧 살아남을 가능성이 희박한데도 자신에게 남아 있는 삶을 지키기 위한 작전에 들어간다. 가까이에서 자기를 지켜보는 사랑하는 사람의 모습을 떠올리거나, 종교에 의지하거나, 농담을 하거나, 나무나 황혼같이 마음을 치유해 주는 아름다운 자연을 그저 바라보며 굶주림과 수모, 공포, 불의에 대한 깊은 분노를 삭인다.

하지만 명백히 몰상식한 이런 시련에서 더 큰 의미를 찾도록 도와주지 않는 한, 위에서 이야기한 순간적인 위안들은 살고자 하는 의지를 북돋아 줄 수 없다. 바로 여기서 우리는 실존주의의 핵심적인 주제와 만난다. 즉 산다는 것은 곧 시련을 감내하는 것이며, 살아남으려면 그 시련 속에서 의미를 찾아야 한다는 것이다.

만약 삶에 목적이 있다면, 시련과 죽음에도 반드시 목적이 있을 것이다. 하지만 그 목적이 무엇인지 아무도 말해 줄 수 없다. 각자 스스로 찾아야 하며, 그 해답이 요구하는 책임도 받아들여야 한다. 그렇게 해서 그것을 찾아낸다면 그 사람은 어떤 모욕적인 상황에서도 계속 성숙해 나갈 수 있을 것이다. 여기서 프랭클 박사는 니체의 말을 인용한다.

> **왜** 살아야 하는지 아는 사람은 그 **어떤** 상황도 견딜 수 있다.

강제 수용소에서는 모든 상황이 가진 것을 상실하게 만든다. 평범한 삶에서는 당연하게 여겨졌던 모든 인간적인 목표를 여기서는 철저히 박탈당한다. 남은 것이라고는 오로지 인간이 지닌 자유 중에서 가장 마지막 자유인 '주어진 상황에서 자신의 태도를 취할 수 있는' 자유뿐이다. 과거 스토아학파는 물론, 현대 실존주의자들도 인정하는 이 기본적인 자유가 프랭클 박사의 이야기에서는 아주 생생한 의미를 지닌다. 수용소에 갇힌 사람들은 그저 평범한 보통 사람일 뿐이다. 하지만 그중에는 적어도 '자신의 시련을 가치 있는 것'으로 만듦으로써 외적인 운명을 초월하는 인간의 능력을 보여 준 사람도 있었다.

정신과 의사인 저자는 환자들이 그런 특별한 능력을 가지도록 어떻게 도와야 할지 알고 싶었다. 어떻게 하면 환자들에게 상황이 아무리 참담해도 무언가를 위해 자기 삶에 책임을 져야 한다는 생각을 일깨워 줄 수 있을까? 이와 관련해 프랭클 박사는 자신이 직접 강제 수용소 동료들을 대상으로 했던 집단 치료에 얽힌 감동적인 이야기를 들려준다.

출판사의 요청으로 프랭클 박사는 이 책에 로고테라피의 기본 원리에 관한 간단하고도 명쾌한 해설과 참고 문헌을 첨부했다. 지금까지 정신 치료법의 제3학파(선구자인 프로이트를 제1학파, 아들러를 제2학파로 부른다) 이론을 담은 책은 대부분 독일어로 쓰였다. 따라서 프랭클 박사의 개인적인 경험을 담은 이 책에 로고테라피의 기본 원리와 참고 문헌이 첨

부된 것을 많은 독자가 무척 반갑게 여길 것이다.

유럽 실존주의자들과는 달리, 프랭클 박사는 비관론자도 아니고 반종교주의자도 아니다. 그는 곳곳에 만연한 고통과 악의 세력을 몸소 경험한 사람으로, 곤경을 이겨 내고 자신을 이끌어 줄 진리를 찾아내는 인간의 능력에 대해 놀랍도록 희망적인 시각을 가지고 있다.

나는 독자에게 진심으로 이 책을 권한다. 이 책에는 인간 문제의 가장 심오한 의미에 초점을 둔 한 사람의 극적인 경험담이 담겨 있기 때문이다. 문학적인 가치뿐만 아니라 철학적인 가치까지 지닌 이 책은 우리 시대에 가장 중요한 정신 의학의 동향을 알 수 있는 유익한 지침서가 될 것이다.

고든 W. 올포트*

* Gordon W. Allport. 하버드 대학 심리학과 교수를 역임. 이 분야에서 가장 뛰어난 저술가이자 교수이다. 심리학과 관련된 저서를 많이 집필했고, 〈The Journal of Abnormal and Social Psychology〉 편집을 맡았다. 심리학에 중대한 영향을 끼친 빅터 프랭클의 이론을 미국에 소개하는 데 앞장섰다. 미국에서 로고테라피에 관한 관심이 급속도로 높아지게 된 데는 그의 공이 결정적이었다.

1 강제 수용소에서의 체험

Step for step I progressed,
until I again became a human being.

강제 수용소에 있었던 보통 사람 이야기

이 책은 어떤 객관적인 사실이나 사건에 대한 보고서가 아니다. 개인적인 체험, 즉 수백만 명의 사람들이 시시때때로 겪었던 경험에 관한 기록이다. 생존자 중 한 사람이 들려주는 강제 수용소 안에서의 이야기이기도 하다.

그동안 너무나 많이 들어 왔던, 믿는 사람은 별로 없는 것 같지만, 끔찍한 공포에 관한 이야기가 아니라 수많은 사람이 겪었던 작은 고통에 관한 이야기이다. 다시 말해서 이 책은 강제 수용소에서의 일상이 평범한 수감자들의 마음에 어떻게 반영됐을까 하는 질문에 답하려고 쓴 것이다.

여기에 나온 이야기 대부분은 규모가 큰 수용소나 이름 있는 수용소에서 있었던 일이 아니다. 대량 학살이 실제로 자행됐던 소규모 수용소에서 일어났던 이야기이다. 위대한 영웅이나 순교자의 고난과 죽음에 관한 이야기가 아니다. 관리인 행세를 하며 특권을 누렸던 카포들이나 유명한 수감자에 관한 이야기도 아니다. 저명인사의 시련에 관한 이야기가 아니라 이름도 없이, 기록도 없이 죽어 간 수많은 사람의 희생과 시련, 죽음에 관한 이야기이다. 소매에 신분을 구별해 주는 특별한 표시조차 달지 못한 채 카포들의 멸시를 받았던 평범한 수감자의 이야기이다.

카포, 우리 안의 또 다른 지배자

평범한 수감자에게 먹을 것이 아주 조금 있거나 아예 없을 때도 카포들은 절대로 굶는 일이 없었다. 그들 인생 전체를 놓고 보았을 때, 카포들은 오히려 수용소에 있을 때 가장 영양을 잘 섭취했다고 한다. 감시하는 병사나 나치 대원보다도 카포들이 수감자에게 더 가혹하고 악질적인 경우가 많았다. 물론 카포는 수감자 중에서 뽑았다. 수감자 중에서 이런 일을 하기에 적합한 성격으로 인정되면 카포로 뽑혔고, 기대한 대로 일을 잘 해내지 못하면 즉시 쫓겨났다.

일단 카포가 되면, 그들은 금세 나치 대원이나 감시병을 닮아 갔다. 따라서 이들의 행동을 판단할 때는 나치 대원이나 감시병과 같은 정신 의학적 기준으로 판단해야 할 것으로 본다.

치열한 생존 경쟁의 각축장

수용소 생활을 경험해 보지 못한 사람들은 수용소 생활에 대해 그릇된 생각, 즉 감상이나 연민을 갖기 쉽다. 그러나 밖에 있던 사람들은 당시 수감자 사이에서 벌어진 생존을 위한 치열한 싸움이 무엇을 의미하는지 전혀 알지 못한다. 그것은 일용할 양식과 목숨 자체를 위한 투쟁이었고, 자기 자신과 사랑하는 친구를 구하려는 피비린내 나는 투쟁이었다.

일정한 수의 수감자를 다른 수용소로 이동시킨다는 공식 발표가 났을 경우를 살펴보자. 그러면 사람들은 최종 목적지가 당연히 가스실일 것으로 생각한다. 수감자 중 병에 걸렸거나 쇠약해서 일할 수 없는 사람들을 뽑아 가스실과 화장터가 있는 큰 수용소로 보내는 경우가 종종 있기 때문이다. 대상자를 가리는 과정은 수감자 사이, 혹은 수감자 집단 사이에서 벌어지는 무차별적인 싸움의 도화선이 된다. 그들에게 중요한 것은 희생자 명단에서 자기 이름이나 친구 이름을 지우는 것이다. 한 사람을 구하려면 다른 사람을 희생시켜야 한다는 것을 뻔히 알면서도 말이다.

수송할 때마다 인원은 정해져 있었다. 수감자에게는 모

두 번호가 있었고, 그들은 번호 이상의 의미를 지니지 못했다. 그래서 누가 수송되느냐는 크게 문제가 되지 않았다. 수용소로 들어올 때, 적어도 아우슈비츠에서는 수감자의 신상기록이 소지품과 함께 압수됐다. 따라서 수감자는 가짜로 이름이나 직업을 댈 수 있었으며, 여러 가지 이유로 실제 그렇게 하는 수감자들이 많았다. 수용소 당국이 관심을 두는 것은 잡혀 온 사람들의 번호였다. 이 번호는 수감자의 살갗에 문신으로 새겨지거나, 바지나 윗도리, 외투에 수놓아졌다. 감시병이 어떤 수감자를 벌주고 싶다고 생각하면 그저 그 번호를 힐끗 보기만 하면 그만이었다. 그 눈초리가 얼마나 무서웠던가! 그는 절대로 이름을 묻지 않았다.

그렇다면 이제 곧 수송될 처지에 놓인 수감자를 살펴보자. 그들에게는 도덕적이고 윤리적인 문제에 관심을 기울일 여유가 없으며, 또 그러고 싶은 생각도 없다. 모든 사람은 오직 한 가지 생각에만 사로잡혀 있다. 집에서 자신을 기다리고 있을 가족을 위해 살아남아야 한다는 생각, 아니면 이제 곧 끌려갈 친구의 목숨을 구해 주어야 한다는 생각뿐이다. 그래서 주저하지 않고 자기를 대신할 다른 사람, 즉 다른 '번호'를 수송자 명단에 집어넣는다.

앞에서 말했지만, 카포는 인간의 부정적인 측면을 기준으로 선발한 사람이다. 수감자 중에서 가장 성질이 난폭한 사람에게 이 일이 돌아갔다. 운 좋게 가끔 예외적인 경우도 있었지만, 나치 대원이 행하는 카포 선발과는 별도로 수감자 사이에서도 시시때때로 자체 선발이 행해지고 있었다.

이 수용소에서 저 수용소로 몇 년 동안 끌려다니다 보면, 결국 치열한 생존 경쟁에서 양심이라고는 눈곱만큼도 찾아볼 수 없는 사람들만 살아남게 마련이다. 그들은 수단과 방법을 가리지 않을 각오가 되어 있는 사람들이었다. 자기 목숨을 구하려고 잔혹한 폭력을 일삼고 도둑질을 하는 건 물론, 심지어 친구까지 팔아넘겼다. 운이 아주 좋아서였든 아니면 기적이었든 살아 돌아온 우리는 알고 있다. 우리 중에서 정말로 괜찮은 사람은 살아 돌아오지 못했다는 것을…….

이 책을 쓴 동기

강제 수용소에서 실제로 일어난 일에 대한 기록은 그동안 수없이 많았다. 하지만 이 책에서는 비록 실제 일어난 일이더라도, 그것이 한 개인의 체험과 관련된 경우에만 중요한 의미가 있다. 앞으로 전개될 글에서 내가 밝히고자 하는 것은 이런 체험의 본질이 무엇인가 하는 것이다.

수용소 생활을 겪어 본 사람들을 위해 나는 그들의 체험을 오늘날의 시각에서 설명하려고 한다. 수용소에 들어가 보지 못한 사람들에게는 그곳에서 살아 돌아온 사람들, 곧 아직도 사는 데 어려움을 겪고 있는 극소수의 사람들이 당했던 일들을 말해 주고, 그들을 이해하는 데 도움을 주려고 한다.

수용소에 있었던 사람들은 말한다.

"우리가 겪었던 일에 관해 얘기하고 싶지 않아요. 그 안에 있었던 사람들에게는 더 이상의 설명이 필요 없으니까요. 밖에 있었던 사람들은 우리가 그때 무엇을 느꼈는지 그리고 지금 무엇을 느끼고 있는지 잘 모릅니다."

이 주제를 논리정연하게 설명하는 것은 매우 어려운 일이다. 왜냐하면 정신 의학은 과학적인 객관성이 있어야 하기 때문이다. 하지만 자기 자신이 수감자로 갇혀 있으면서 이 모든 것을 목격한 사람이 과연 객관적인 시각일 수 있을까? 밖에 있었던 사람들이라면 물론 공정한 시각을 가질 수 있다. 하지만 그들은 진정한 가치를 지닌 증언을 하기에는 문제의 핵심에서 너무 멀리 떨어져 있었다. 오로지 그 안에 있었던 사람만이 알고 있다. 그의 판단이 객관적이지 못할 수도 있다. 그의 평가가 지나칠 수도 있다. 그러나 이것은 불가피한 일이다. 이런 일을 할 때는 개인적인 편견을 버려야 하는데, 바로 이 점이 이런 종류의 책이 지닌 어려움이다.

지극히 내밀한 체험을 털어놓는 데는 때로 용기가 필요했다. 이 책을 쓸 때 나는 원래 내 수감 번호만 쓰고 익명으로 출판하려고 했다. 그러나 원고를 완성했을 때, 익명으로 책을 출판한다면 책이 지닌 가치의 반을 잃게 된다는 것을 깨달았다. 내 신념을 공개적으로 이야기하려면 용기를 가져야 했다. 그래서 자신을 드러내는 것을 극도로 싫어함에도 나는 문장 하나도 빠지지 않도록 세심한 주의를 기울였다.

이 책에서 객관적인 이론을 도출해 내는 일은 다른 사람의 몫으로 남겨 두겠다. 이러한 이론들은 제1차 세계 대전 이후 연구가 시작돼 우리에게 '철조망병(Barbed wire sickness)' 증후군으로 널리 알려진 수형 생활의 정신 의학에 일정한 공헌을 할 수 있을 것이다. 제2차 세계 대전 덕분에 우리는 '집단 정신 병리학(Psychopathology of the Masses)'에 대한 이해의 폭을 훨씬 넓힐 수 있었다. 이 전쟁이 우리에게 신경과민 상태와 강제 수용소를 경험하게 해 주었기 때문이다.

믿음을 상실하면 삶을 향한 의지도 상실한다

이 이야기는 평범한 수감자였던 나 자신의 체험을 기록한 것이다. 자랑할 일은 아니지만, 나는 수용소에서 마지막 몇 주를 제외하고는 정신 의학자 노릇은 물론이고, 심지어는 의사 노릇도 하지 않았다는 사실을 밝힌다. 내 동료 중에는 난방이 형편없기는 해도 응급 구호실에서 휴지 조각으로 붕대를 만드는 행운을 누린 사람도 있었다. 하지만 나는 119, 104번이었다. 나는 대부분의 시간을 철로에서 땅을 파고 선로를 부설하는 일로 보냈다. 한번은 도로 밑에 수도관을 묻으려고 다른 사람 도움 없이 혼자서 굴을 파기도 했다.

이렇게 일하고 나는 보수를 받았다. 1944년 성탄절 직전에는 소위 말하는 '상여 배급표'를 받았다. 이 표는 우리가 사실상 노예로 팔려 간 건설 회사에서 주는 것이었다. 건설 회사는 수용소에 수감자 한 사람당 일정한 액수의 일당을 지불했다. 한 장당 50페니히였다. 표를 모으면 대개는 몇 주 후 담배 여섯 개비로 바꿀 수 있었다. 물론 가끔은 유효 기간이 지나 표를 못 쓰게 되기도 했다. 여하튼 그때 나는 신나게도 무려 담배 열두 개비로 바꿀 수 있는 표를 모았다. 무엇보다 중요한 사실은 이 담배를 수프 열두 그릇과 바꿀 수 있다는 것이었다. 수프 열두 그릇이면 한동안 굶주림의 고통에서 벗어날 수 있다.

실제로 담배를 피울 수 있는 특권은 카포에게만 주어졌다. 그들은 일주일에 한 번씩 일정한 양의 담배를 배급받았다. 때로 창고나 작업장 감독으로 일한 사람들은 위험한 일을 한 대가로 담배 몇 개비를 받기도 했다. 그 밖의 사람들은 담배를 피울 수 없었다. 예외가 있다면, 살아갈 의욕을 잃었거나 남은 생의 마지막 순간을 그저 '즐기려는' 사람들이 담배를 피우는 경우였다. 어느 날 동료가 담배 피우는 것을 보면, 우리는 그가 자신을 지탱해 나갈 힘을 잃어버렸다고 생각했다. 일단 그 믿음을 잃으면 살고자 하는 의지가 다시 생기기는 힘들었다.

도살장 아우슈비츠에 수용되다

수많은 수감자가 직접 목격하고 경험한 것을 기록한 방대한 자료를 조사해 보면, 수용소 생활에 대한 수감자의 심리 반응이 크게 세 단계로 나누어진다는 사실을 알 수 있다. 첫 번째 단계는 수용소에 들어온 직후이며, 두 번째 단계는 틀에 박힌 수용소 일과에 적응했을 무렵, 세 번째 단계는 석방돼 자유를 얻은 후이다.

첫 번째 단계의 특징적인 징후는 충격이다. 어떤 경우에는 수용소로 들어가기도 전에 경험하기도 한다. 내가 수용소로 들어갔을 당시 상황을 예로 들어 보겠다.

사람들 1,500명이 기차를 타고 며칠 밤낮을 계속해서 달렸다. 열차 한 칸에 80명이 타고 있었다. 사람들은 마지막 남은 소지품을 담은 짐꾸러미 위에 누워 있었다. 열차 안이 너무나 꽉 차서 창문 위쪽으로 겨우 잿빛 새벽의 기운이 들어올 수 있을 정도였다. 우리 모두 이 기차가 군수 공장으로 가는 것이기를 바랐다. 그곳에서는 강제 노역이나마 일을 할 수 있었기 때문이다. 우리는 기차가 아직 슐레지엔에 있는지, 아니면 벌써 폴란드로 들어왔는지 모르고 있었다. 겁먹은 듯한 기적 소리가 기분 나쁘게 울렸다. 마치 파멸에 빠질 운명에 처한 이 불행한 짐꾸러미들을 불쌍히 여겨 도와달라는 울부짖음을 하늘로 올려 보내는 것 같았다.

잠시 후 기차가 덜컹거리며 옆 선로로 들어갔다. 종착역이 가까워진 것이 분명했다. 바로 그때 불안에 떨고 있던 사람들 틈에서 울부짖는 소리가 들려왔다.

"아우슈비츠야. 저기 팻말이 있어."

그 순간 모든 사람의 심장이 멈췄다. 아우슈비츠! 가스실, 화장터, 대학살. 그 모든 공포를 불러일으키는 이름, 아우슈비츠! 기차는 망설이는 것처럼 천천히 움직였다. 불쌍한 우리를 어떻게 해서든지 아우슈비츠라는 끔찍한 현실로부터 구해 내고 싶다는 듯이…….

새벽이 되자 거대한 수용소의 윤곽이 드러나기 시작했다. 길게 뻗어 있는 몇 겹의 철조망 담장, 감시탑, 탐조등 그리고 희뿌연 새벽빛 속에 미지의 목적지를 향해 뻗어 있는 황량한 길을 따라 질질 끌려가는 초라하고 누추한 사람들의 행렬. 가끔 고함과 호루라기 소리가 들렸다. 하지만 그것이 무엇을 뜻하는지 알지 못했다. 나는 사람들이 대롱대롱 매달려 있는 교수대를 상상했다. 소름이 끼쳤다. 하지만 사실 이건 괜찮은 편이었다. 그 뒤로 점점 더 끔찍하고 엄청난 공포와 만나야 했기 때문이다.

마침내 우리는 역으로 들어갔다. 고함치는 명령이 정적을 깨뜨렸다. 그날 이후로 우리는 모든 수용소에서 그 거칠고 날카로운 고함을 끊임없이 듣고 또 들어야 했다. 그 소리는 마치 희생양의 마지막 비명과 같았다. 하기야 다른 점이 있기는 했다. 그들의 목에서 컥컥거리며 나오는 쉰 목소리는 칼에 찔린, 또 찔려서 죽어 가는 사람이 비명을 지르지 않으려고 애쓸 때 나오는 소리와 비슷했다.

열차 문이 열리자 몇 사람이 안으로 뛰어 들어왔다. 모두 줄무늬 수의를 입고 머리를 깎았지만, 영양 상태는 좋아 보였다. 그들은 유럽 여러 나라의 말을 썼고, 우스갯소리를 던지기도 했다. 이런 상황에서 그것은 아주 기괴하게 느껴졌다. 본래 낙천적인 성격(아무리 절망적인 상황에서도 나는 감정의 평온을 잊지 않으려고 노력해 왔다)인 나는 지푸라기라도 잡는 심정으로 이렇게 생각했다.

'이 사람들은 아주 신수가 훤하군. 괜찮은 사람들처럼 보여. 심지어는 웃고 있잖아. 누가 알아. 내가 저 사람들처럼 혜택받는 처지에 있게 될지.'

집행 유예 망상

정신 의학에는 '집행 유예 망상'이라는 것이 있다. 사형 선고를 받은 죄수가 처형 직전에 집행 유예를 받을지도 모른다고 망상을 하는 것이다. 우리도 마찬가지였다. 실낱같은 희망에 매달려 마지막 순간이 그렇게 나쁘지는 않을 것이라고 믿었다. 불그레한 뺨과 통통한 얼굴을 한 그들을 보는 순간 우리는 큰 용기를 얻었다. 그들이 수감자 중에서 특별히 뽑힌 사람들이라는 것과 수년 동안 매일같이 이 역에 들어오는 사람들을 책임지는 접대반이라는 사실을 그때는 전혀 몰랐다.

그들은 새로 들어온 사람과 그들의 짐을 처리했다. 귀한 물건이나 몰래 가지고 들어온 보석도 압수했다. 전쟁 마지막 몇 년 동안, 아마도 아우슈비츠가 유럽에서 가장 희한한 곳이었을 것이다. 수용소의 대형 창고는 물론, 나치 대원 수중에도 금, 은, 백금, 다이아몬드 같은 값비싼 보석들이 흘러넘쳤을 것이 틀림없다.

1,500명이나 되는 사람들이 기껏해야 200명 정도밖에 들어갈 수 없는 가축우리 같은 건물에 구겨 넣어졌다. 우리는 추위와 굶주림에 시달렸다. 바닥에 드러눕기는커녕 쭈그려 앉을 자리조차 없었다. 나흘 동안 우리가 받은 양식이라고는 5온스짜리 빵 한 개가 전부였다. 그런 상황에서 나는 이 건물을 책임지고 있는 고참 수감자가 백금과 다이아몬드로 된 넥타이핀을 놓고 한 접대반원과 흥정하는 소리를 들었다. 그들은 이렇게 번 돈 대부분을 '슈냅스'라는 술을 사는 데 썼다.

'즐거운 저녁 한때'를 보내기 위한 슈냅스를 사는 데 몇천

마르크가 필요했는지 지금은 기억나지 않는다. 하지만 장기수들에게 슈냅스가 필요하다는 사실은 이해할 수 있었다. 그런 상황에서 술로 자기 자신을 마취시키고 싶어 하는 것을 누가 비난하겠는가?

그런데 수용소에 있는 사람 중에는 나치 대원에게 거의 무제한으로 술을 공급받는 사람도 있었다. 가스실이나 화장터에 배치된 사람이었다. 그들은 언젠가 자기들이 다른 사람으로 교체되리라는 사실을 알고 있었다. 강요받았던 사형집행인 역할을 다른 사람에게 넘기고, 자기도 그 희생자가 될 거라는 사실을 말이다.

하지만 나와 함께 수용소에 들어온 사람들은 거의 모두 언젠가 자기에게 집행 유예가 내려질 것이며, 만사가 잘 풀릴 것이라는 환상을 갖고 있었다. 곧 눈앞에 펼쳐질 장면에 어떤 의미가 숨어 있는지 몰랐다. 우리는 짐을 모두 열차 안에 두고 내린 다음, 두 줄(한 줄은 남자, 한 줄은 여자)로 서라는 명령을 받았다. 친위대 장교에게 검열을 받아야 했기 때문이다.

그때 나는 배낭을 외투 속에 감추는 용기를 발휘했다. 우리 줄 사람들이 한 명씩 장교 앞을 지나갔다. 만약 그 장교가 내 가방을 발견하는 날에는 위험해지리라는 것을 깨달았다.

최소한 그는 주먹을 날려 나를 쓰러뜨릴 것이다. 경험을 통해서 나는 이미 잘 알고 있었다. 장교가 가까워지자 나는 본능적으로 몸을 똑바로 세웠다. 가방이 있다는 것을 알아차리지 못하도록 하기 위해서였다.

삶과 죽음의 갈림길

드디어 장교와 마주 보고 섰다. 장교는 마른 체격에 키가 크고, 군복이 꽤 잘 어울리는 사람이었다. 그 말쑥함에 대비되어 오랜 여행에 지친 우리 몰골은 더욱 초라해 보였다. 그는 왼손으로 오른쪽 팔꿈치를 받친 채 무심하고 편안한 표정이었다. 오른손을 들고 집게손가락으로 아주 느리게 오른쪽 혹은 왼쪽을 가리켰다. 하지만 당시만 해도 우리 중에 손가락으로 왼쪽 혹은 오른쪽을(대개는 왼쪽이지만) 가리키는 이 행동 이면에 어떤 무서운 의미가 깔려 있는지 아는 사람은 한 명도 없었다.

마침내 내 차례가 됐다. 누군가가 내게 귓속말로 오른쪽은 작업실행이고, 왼쪽은 병자나 일할 능력이 없는 사람들이 가는 특별 수용소행이라고 알려 주었다. 나는 그저 기다릴 수밖에 없었다. 그것은 앞으로 내가 통과해야 할 수많은 관문 중에서 첫 번째 관문이었다. 외투 속에 감춘 가방이 몸을 왼쪽으로 약간 기울게 했다. 하지만 나는 똑바로 걸으려고 노력했다. 친위대원은 나를 살펴보면서 약간 망설이다가 내 어깨에 손을 올렸다. 나는 될 수 있는 대로 민첩하게 보이려고 애를 썼다. 그러자 그는 내가 오른쪽을 똑바로 바라보도록 내 어깨를 돌렸다. 그래서 나는 오른쪽으로 가게 됐다.

그날 저녁에야 우리는 손가락의 움직임에 담긴 깊은 뜻을 알게 됐다. 그것이 우리가 경험한 최초의 선별, 삶과 죽음을 가르는 첫 번째 판결이었다. 함께 들어온 사람의 90퍼센트는 죽음을 선고받았다. 판결은 채 몇 시간도 못 돼 집행됐다. 왼쪽으로 간 사람들은 역에서 곧바로 화장터로 직행했다. 그곳에서 일했던 사람이 말하길, 건물 문에는 유럽 여러 나라 말로 '목욕탕'이라고 쓰여 있다고 했다. 안으로 들어가기 전, 사람들에게 비누를 한 조각씩 나누어 주었다. 그다음에 일어난 일을 자세히 묘사할 필요는 없을 것이다. 그 끔찍한 사건에 대한 기록은 너무나 많으니까.

수용소로 이송된 사람 중 극히 일부분에 불과했던 우리 생존자들은 저녁이 되어서야 진상을 알게 됐다. 나는 먼저 와 있던 사람에게 내 동료와 친구 P가 어디로 갔는지 물었다.

"그 친구가 왼쪽으로 갔습니까?"

"네."

내가 대답했다.

"그렇다면 아마 저기로 갔을 거요."

이런 대답이 들렸다.

"어디요?"

그러자 그가 손가락을 들어 몇백 야드 떨어진 곳에 있는 굴뚝을 가리켰다. 굴뚝은 폴란드의 회색빛 하늘 위로 불기둥을 내뿜고 있었다. 불기둥은 곧 불길한 연기구름으로 변했다.

"당신 친구가 간 곳이 바로 저기요. 아마 지금쯤 하늘 위로 올라가고 있을 겁니다."

나는 그가 쉬운 말로 사실을 이야기해 줄 때까지 그 말을 이해하지 못했다.

무너진 환상 그리고 충격

이야기를 다시 뒤로 돌려 보자. 심리적인 관점에서 보면, 역에 도착한 날 새벽부터 수용소에서 첫 밤을 맞을 때까지 우리 앞에는 아주 기나긴 단계가 놓여 있었다. 장전된 총을 든 나치 대원의 호위를 받으며, 우리는 고압 전류가 흐르는 철조망을 지나 수용소를 가로질러 목욕탕까지 달려야 했다.

첫 번째 선별 관문을 무사히 통과한 우리에게는 정말로 목욕할 기회가 주어졌다. 집행 유예가 될 거라는 환상에 확신을 얻었다. 나치 대원들도 모두 호의적으로 보였다. 하지만 곧 그 이유를 알게 됐다. 우리가 찬 손목시계를 보고, 그것을 달라고 설득하는 동안에만 친절했던 것이다. 그래도 나는 이렇게 생각했다.

'어차피 가진 걸 전부 내놓아야 하잖아. 저렇게 좋은 사람들이 시계를 못 가질 이유가 없지. 언젠가는 보상이 되어 돌아올 거야.'

우리는 가축우리 같은 방에서 기다렸다. 소독실로 들어가기 전에 대기하는 곳이었다. 나치 대원이 오더니 담요를 펼쳤다. 우리는 가지고 있던 소지품과 시계, 보석들을 모두 던졌다. 결혼반지나 메달 혹은 호신품 같은 것을 가지고 있어도 되느냐고 묻는 순진한 사람도 있었다. 이 말을 듣는 순간 일을 하고 있던 고참 수감자가 웃었다. 아직은 그 누구도 가지고 있는 모든 걸 압수당하리라는 사실을 몰랐다.

그때 나는 한 고참 수감자에게 비밀을 털어놓기로 마음먹었다. 그래서 그에게 살며시 다가가 외투 안주머니에 있는 원고 뭉치를 가리키며 이렇게 말했다.

"보세요. 이건 과학책 원고입니다. 무슨 말씀을 하려고 하시는지 잘 알고 있어요. 목숨을 건진 것만도 다행으로 생각해야 한다는 말씀이지요? 그리고 그것이 내가 운명에 기대할 수 있는 유일한 것이라는 말도요. 그렇지만 저도 어쩔 수 없습니다. 무슨 수를 써서라도 이 원고를 지켜야 해요. 제가 일생 심혈을 기울여 연구한 것이 모두 여기에 들어 있습니다. 이해하시겠습니까?"

그래, 그는 이해하는 듯했다. 희미한 미소가 그의 얼굴에 번져 나갔다. 처음에는 동정 어린 빛을 띠더니 점점 장난스러운 웃음으로 바뀌었다. 이 웃음이 경멸과 비웃음으로 바뀌는 듯하더니, 한마디를 내뱉었다. 수용소 수감자들 사이에 늘 통용되는 단어였다.

"빌어먹을 놈!"

그 순간 진실의 실체를 보았다. 그리고 심리적 반응의 제

1단계를 특징짓는 감정, 즉 충격을 경험했다. 나는 지금까지의 인생 전부를 박탈당했다.

갑자기 사람들 사이에서 동요가 일어났다. 창백하고 겁에 질린 표정으로 서서 무기력하게 수군거리고 있었다. 다시 목쉰 듯한 고함이 들렸다. 우리는 주먹질을 당하며 목욕탕 대기실로 쫓겨 들어갔다. 그곳에서 우리를 기다리던 나치 대원 앞으로 모였다. 곧이어 그가 입을 열었다.

"앞으로 2분간 여유를 주겠다. 내 시계로 시간을 잴 것이다. 2분 동안 입고 있는 옷을 모조리 벗어서 가지고 있던 물건과 함께 자기 자리에 내려놓도록. 신발과 머리띠, 멜빵과 탈장대를 제외한 모든 것을 벗는다. 자 시작."

사람들은 상상할 수 없을 정도로 빠르게 옷을 벗었다. 초조한 탓인지 얼마 지나지 않아 내복과 허리띠, 구두끈을 잡아당기는 손길이 서툴러지기 시작했다. 그러자 처음으로 채찍 소리가 들렸다. 가죽 채찍이 벌거벗은 몸뚱이 위로 사정없이 떨어졌다.

이어서 우리는 다른 방으로 옮겨졌다. 거기서 머리털뿐만 아니라 몸에 난 털이란 털은 모조리 다 깎아야 했다. 그런 다음 샤워를 하려고 다시 줄을 섰다. 서로를 거의 알아볼 수 없을 정도였다. 샤워기에서 진짜로 물이 나오는 것을 보고 안도의 한숨을 쉬는 사람도 있었다.

샤워할 차례를 기다리는 동안, 우리는 벌거벗고 있는 현실을 뼈저리게 느꼈다. 이제 벌거벗은 몸뚱이 외에는 아무것도 가진 것이 없는 처지였다. 심지어 털 한 오라기조차도 남아 있지 않았다. 우리가 갖고 있는 것은 글자 그대로 우리 자신의 벌거벗은 실존뿐이었다. 그동안의 삶과 현재를 연결해 주는 물건 중 과연 남은 것이 무엇이란 말인가? 나에게는 안경과 벨트가 전부였다. 벨트는 나중에 빵 한 조각과 바꾸어 먹고 말았다.

탈장대를 지닌 사람들에게는 또 다른 동요가 일었다. 그날 저녁 우리가 있는 임시 막사의 고참이 찾아와 일장 연설을 했다. 탈장대 속에 돈이나 귀금속을 숨겨 놓은 사람이 있다면 그 목을 자기가 직접 대들보에 매달겠다면서 손가락으로 대들보를 가리켰다. 그러고는 자기가 수용소 규칙에 따라 그렇게 할 수 있는 권리를 위임받았다고 자랑스럽게 말했다.

신발 문제도 그렇게 간단하지 않았다. 물론 자기 신발을 신어도 된다고 허락받기는 했다. 하지만 신기에 편하고 좋은 신발은 으레 빼앗겼으며, 대신 발에도 맞지 않는 신발을 신어야 했다. 하지만 진짜로 곤욕을 치른 것은, 대기실에서 고참이 시킨 대로 부츠 윗부분을 칼로 잘라 내고 칼자국을 없애려 자른 곳을 비누로 문지른 사람들이었다. 나치 대원들은 마치 그렇게 하기를 기다렸던 것처럼, 그런 사람들을 옆에 있는 작은 방으로 데리고 들어갔다. 잠시 후 그 방에서도 채찍 휘두르는 소리와 고통에 찬 비명이 흘러나왔다. 이번에는 상당히 오랜 시간 계속됐다.

이런 일을 당하면서 그때까지 갖고 있던 환상이 하나둘씩 차례로 무너졌다. 그다음에는, 전혀 예상하지 못했던 일인데, 암울한 유머 감각에 사로잡혔다. 우리는 우스꽝스럽게 벌거벗겨진 몸뚱이 외에 잃을 것이 아무것도 없다는 사실을 깨달았다. 샤워기에서 물이 쏟아지기 시작했을 때, 우리는 자기 자신은 물론이고 서로를 재미있게 해 주려고 그야말로 안간힘을 썼다. 어쨌든 샤워기에서 정말로 물이 시원하게 쏟아지고 있지 않은가!

냉담한 궁금증

이 이상한 유머 외에 우리를 사로잡는 또 다른 감각이 있었다. 바로 궁금증이었다. 그전에도 나는 어떤 낯선 상황에서 제일 먼저 궁금증이 고개를 드는 것을 경험했다. 언젠가 등반 사고로 목숨이 위태로웠을 때, 절체절명의 순간 가장 먼저 궁금증이 생겼다. 내가 살아날 수 있을까? 아니면 두개골이 박살 날까? 다친다면 어떤 부상일까? 이런 것이었다.

그런 냉담한 궁금증이 아우슈비츠에서도 눈에 띄게 나타났다. 이것은 주변 환경으로부터 자기 마음을 어느 정도 분리해 주변을 객관적으로 바라보게 한다. 당시 수용소 사람들은 이런 마음 상태를 일종의 자기 보호 수단으로 삼았다. 다음에는 무슨 일이 벌어질까? 결말은 어떻게 될까? 이런 것을 무척이나 궁금해했다.

한번은 쌀쌀한 늦가을에 샤워하고 아직 물기가 마르지 않은 상태로 밖에 서 있었다. 우리는 그다음에 어떤 일이 벌어질지 몹시 궁금했다. 그런데 그로부터 며칠 후 궁금증은 놀라움으로 바뀌었다. 아무도 감기에 걸리지 않았기 때문이다.

인간은 어떤 환경에도 적응할 수 있다

수용소에 들어온 사람들은 이와 비슷한 놀라운 일들을 많이 경험했다. 나 같은 의학도가 수용소에서 제일 먼저 배운 것은 우리가 공부했던 '교과서가 모두 거짓'이라는 사실이었다. 교과서에는 사람이 일정 시간 이상 잠을 자지 않으면 죽는다고 적혀 있다. 하지만 완전히 틀린 말이었다. 나는 내가 도저히 할 수 없는 일들이 있다고 확신해 왔다. 예를 들어, 이것 없이는 잠을 잘 수 없다거나, 저것이나 다른 어떤 것 없이는 살 수 없다거나 하는 식이었다.

아우슈비츠에 도착한 첫날 밤에 우리는 여러 층으로 이루어진 침상에서 잠을 잤다. 각 층(길이 6.5피트, 폭 8피트)에 무려 9명이나 되는 사람들이 함께 잤다. 9명에게 배당된 담요는 단 두 장뿐이었다. 그래서 옆으로 누울 수밖에 없었고, 서로 몸을 꼭 붙인 채 비비면서 잠을 자야 했다. 날이 혹독하게 추웠기 때문에 이렇게 자는 게 도움이 되기는 했다.

잠자리에 신발을 갖고 들어오는 것은 금지였지만, 어떤 사람들은 흙이 떡고물처럼 묻은 신발을 몰래 갖고 들어와 베개처럼 베고 잠을 잤다. 그렇지 않으면 뼈만 앙상하게 남은 팔을 베고 잠자야 했다. 그런데도 신기하게 잠이 밀려 왔다. 비록 몇 시간 동안이지만 잠은 우리에게 고통을 잊고 안식을 취할 시간을 주었다.

당시 얼마나 많은 것을 견뎠는지 보여 주는 놀라운 사례를 몇 가지 더 들어 보자. 수용소에서 우리는 이를 닦을 수 없었고, 모두 심각한 비타민 결핍증에 시달렸다. 하지만 잇몸은 그 어느 때보다도 건강했다. 셔츠 한 벌로 반년 동안 형체를 알아볼 수 없을 정도가 될 때까지 입었다. 수도관이 얼어붙어 세수는 고사하고 손 하나 제대로 씻을 수가 없었다. 하지만 흙일을 하다가 찰과상을 입어도, 동상에 걸린 경우를 제외하면, 상처가 곪는 법이 없었다.

밖에서 생활할 때는 잠을 제대로 못 잤던 사람이 있었다. 옆방에서 나는 바스락거리는 소리만 들어도 깰 정도로 잠귀가 옅은 사람이었다. 그런 사람도 수용소에서는 동료의 몸 위에 엎어져, 불과 몇 인치 떨어진 곳에서 코 고는 소리가 들려도 아주 깊이 잠을 잤다.

인간을 어떤 환경에도 적응할 수 있는 존재로 묘사한 도스토엡스키의 말이 사실이냐고 묻는다면, 우리는 이렇게 대답할 것이다.

"물론입니다. 인간은 어떤 환경에도 적응할 수 있습니다. 하지만 그 방법에 대해서는 묻지 말아 주십시오."

우리의 심리적 탐구는 아직 이런 것을 말할 수 있는 단계까지 이르지 못했다. 수감자 중에서 이 단계에 도달한 사람도 없었다. 여전히 심리적 반응의 첫 번째 단계에 머물러 있었다.

절망이 오히려 자살을 보류하게 한다

수용소에서 잠깐이라도 자살을 생각해 보지 않은 사람은 거의 없다고 해도 과언이 아니다. 희망이 없는 상황, 시시각각 다가오는 죽음의 공포, 다른 사람의 죽음을 보고 나에게도 죽음이 임박했다고 생각하면서 겪는 고통이 자살을 생각하게 했다.

나중에 이야기할 내 개인적인 신념 때문에, 나는 수용소에 도착한 날 저녁에 절대 '철조망에 몸을 던지는 짓'은 하지 않겠다고 굳게 다짐했다. 철조망에 몸을 던진다는 말은 고압 전류가 흐르는 철조망에 몸을 댄다는 뜻으로, 당시 수용소에서 가장 흔한 자살 방법을 이야기하는 관용어구였다. 이렇게 결심하는 것은 전혀 어렵지 않았다. 자살에는 별 의미가 없었다. 아무리 객관적으로 계산하고, 모든 기회를 감안해도 일반 수감자들이 살아서 나갈 가능성은 아주 희박했기 때문이다. 수많은 선별 관문을 무사히 통과해 살아남는 극소수가 될 것이라고 기대할 수는 없었다.

아우슈비츠 수감자들은 첫 번째 단계에서 충격을 받은 나머지 죽음을 두려워하지 않게 됐다. 며칠이 지나면 가스실조차 더는 두렵지 않았다. 오히려 가스실이 있다는 사실이 사람들로 하여금 자살을 보류하게 했다.

죽음에의 선발을 두려워하지 말라

전쟁이 끝나고 나서, 언젠가 친구들이 나에게 말했다. 내가 수용소에 들어갔다는 충격으로 크게 낙담하는 사람은 아니었다는 것이다. 아우슈비츠에 도착한 다음 날 아침, 이런 일이 있었을 때도 나는 그저 조용히 웃기만 했다.

자기 '구역'을 벗어나서는 안 된다는 엄격한 규칙이 있었지만, 나보다 몇 주 먼저 이곳에 들어온 동료 한 사람이 몰래 내 막사로 숨어 들어왔다. 그는 우리를 안심시키려고 몇 가지 이야기를 해 주었다. 몸이 너무 말라서 처음에는 그를 알아보지 못했다. 하지만 그는 익살스러우면서도 저돌적인 말

투로 정보를 알려 주었다.

"겁내지 말게! 선별을 두려워하지도 말게! 의사 M(나치 대원 주치의)은 의사에게는 약하다네!"*

"그렇지만 단 한 가지만은 자네들에게 당부하겠네."

그는 말을 이었다.

"가능한 한 매일 면도를 하게. 유리 조각으로 면도해야 하더라도, 마지막 남은 빵을 포기해야 하더라도 말일세. 그러면 더 젊어 보일 거야. 뺨을 문지르는 것도 혈색이 좋아 보이게 하는 방법이지. 자네들이 살아남기를 바란다면 단 한 가지 방법밖에는 없어. 일할 수 있는 사람으로 보이는 거야. 만약 발뒤꿈치에 물집이 생겼다고 해 보게. 나치 대원이 그걸 알게 되는 날에는 당장 따로 분류하고, 그다음 날 틀림없이 가스실로 보낼 거야. 자네들은 '회교도'라는 말이 무슨 뜻인지 알고 있나? 불쌍하고, 비실비실하고, 병들고, 초라해 보이는 사람들, 고된 육체노동을 할 수 없게 된 사람들을 '회교도'라고 한다네. 회교도는 조금 늦든 빠르든, 대개는 더 빨리

* 하지만 이것은 틀린 말이었다. 그 친구의 조언이 틀렸다. 나와 같은 막사에 있던 예순 살 먹은 의사에게 자기가 어떤 일을 당했는지 들을 수 있었다. 그의 아들이 가스실에 갈 처지가 됐을 때 M에게 아들을 빼달라고 부탁했는데 냉정하게 거절당했다는 것이다.

가스실로 보내지지. 그러니까 늘 면도를 하고 똑바로 서서 걸어야 한다는 사실을 명심하게. 그러면 더는 가스실을 두려워할 필요가 없어. 여기 있는 자네들, 이곳에 온 지 스물네 시간이 지나지 않았지만 두려워할 필요가 없어."

이렇게 말한 다음 그는 나를 가리키며 이렇게 말했다.

"하지만 아마 자네는 예외일 거야."

그가 말을 이었다.

"내가 솔직하게 얘기하는 걸 기분 나쁘게 생각하지 말게."

그런 다음 그는 다른 사람들을 보면서 말했다.

"자네들 가운데 다음 선별을 두려워해야 할 사람은 바로 저 사람뿐이야. 그러니 모두 안심들 하게."

그 말에 나는 웃었다. 그리고 확신하건대 누구라도 당시 나와 같은 상황에 있었다면 나와 똑같이 웃었을 것이다.

혐오감

레싱(Gotthold Ephraim Lessing)이 이런 말을 했다고 기억한다.

"이 세상에는 사람의 이성을 잃게 만드는 일이 있는가 하면, 더는 잃을 이성이 없게 만드는 일도 있다."

비정상적인 상황에서 비정상적인 반응을 보이는 것은 너무나 정상이다. 심지어 나와 같은 정신과 의사들도 비정상적인 상황, 예를 들자면 정신 병원에 수용되거나 평소와 다른 정상적이지 않은 상황에 놓일 때 그런 반응이 당연하다고 생각한다. 수용소에 들어오게 된 상황을 두고 사람들이 보이는 반응 역시 그들의 비정상적인 정신 상태를 반영한다. 하지만 객관적으로 따지자면 이것은 지극히 정상이며, 뒤에서 이야기하겠지만 주어진 상황에 대한 전형적인 반응이라고 할 수 있다.

이런 반응들은 며칠이 지나면서 바뀌기 시작한다. 첫 번째 단계에서 두 번째 단계로 이동하는 것이다. 그다음 단계는 상대적인 무감각 단계로, 정신적으로 죽은 것과 다름없는 상태이다.

이미 설명한 반응 외에도 수용소에 들어온 사람들은 정신적으로 엄청난 고통을 겪으며, 그 고통을 줄이려고 안간힘을 쓴다. 무엇보다 먼저 찾아오는 것은 집과 가족을 향한 끝없는 그리움이다. 그리움은 너무나 간절해서 그리워하는 데 자기 자신을 완전히 소진할 정도이다.

그다음에는 혐오감이 찾아온다. 그를 둘러싼 모든 것에

대한 혐오감, 심지어 겉으로 보이는 모습에서도 혐오감을 느낀다.

수용자 대부분은 줄무늬 수의를 입었다. 허수아비나 어울릴 듯한 넝마 같은 옷이다. 수용소 막사와 막사 사이는 오물로 뒤덮여 있었는데, 오물을 치우려고 하면 할수록 더 많은 오물이 묻었다. 수용소에 처음 들어온 사람들은 화장실을 청소하고 시궁창의 오물을 치우는 일에 배정됐다. 늘 있는 일이지만, 땅이 울퉁불퉁해서 오물을 버리러 가는 동안 똥물이 얼굴에 튀기도 했다. 하지만 조금이라도 싫은 기색을 보인다거나 얼굴에 묻은 똥물을 닦아 내려고 하면 카포가 가차 없이 주먹질을 했다. 이런 과정을 거치면서 정상적인 반응은 더욱 빠르게 무뎌졌다.

무감각

처음에 사람들은 다른 그룹 사람들이 줄지어 행진하며 단체로 기합받는 것을 보면 고개를 돌렸다. 진흙탕에서 몇 시간씩 구르며 구타당하는 광경을 차마 볼 수가 없었기 때문이다. 그러나 며칠, 몇 주가 지나면 사정이 달라진다.

아직 어둠이 가시지 않은 이른 아침, 한 사람이 같은 반 동료와 함께 행진을 나가려고 문 앞에 서 있었다. 바로 그때 비명이 들리고, 동료 한 명이 쓰러졌다가 다시 일으켜 세워지고 또다시 쓰러지는 것을 보았다. 도대체 왜 그러는 거지? 알고 보니 그 동료는 열이 났는데 그 사실을 적절하지 못한 시간에 병실 담당자에게 말했고, 자기가 해야 할 일을 피하려고 규정을 어겼다는 이유로 벌을 받고 있었다. 하지만 이미 심리적 반응의 두 번째 단계로 들어선 그는 그 참담한 광경에도 눈 하나 깜빡하지 않았다. 감정이 무뎌져서 그것을 담담하게 바라보는 단계가 된 것이다.

또 다른 이야기를 예로 들어 보자. 한 남자가 상처나 부종, 혹은 열 때문에 앞으로 이틀간 수용소 안에서 가벼운 작업을 할 수 있기를 바라며 병실로 찾아가 기다리고 있었다. 그때 열두 살짜리 소년이 실려 들어왔다. 눈 속에서 차렷 자세로 여러 시간 서 있었거나 아니면 맞는 신발이 없어서 맨발로 밖에서 일했던 것 같다. 그는 그 모습을 무감각하게 바라보았다. 소년의 발가락은 이미 동상에 걸려 있었고, 의사가 집게로 시커멓게 썩은 살을 하나씩 끄집어냈다. 하지만 그 광경에도 우리는 정말로 혐오감과 공포, 동정심 같은 감정을 더는 느낄 수 없었다. 고통받는 사람들, 죽어 가거나 이미 죽은 사람들을 너무나 일상적으로 보았기 때문이다. 그래서 수용소에서 생활한 지 몇 주가 지나면 그런 것들에 더는 마음의 동요를 일으키지 않는다.

주검과 수프

나는 발진 티푸스 환자들을 돌보려고 한 막사에서 얼마 동안 보낸 적이 있었다. 환자들은 고열에 시달렸으며, 종종 혼수상태에 빠졌다. 그들 중 상당수는 산송장이나 다름이 없었다. 그러다가 한 사람이 숨을 거두었다. 하지만 나는 아무 감정 없이 그 광경을 바라보았다. 죽음은 그 후로도 계속 이어졌는데, 그때마다 매번 그랬다.

한 사람이 숨을 거두자 나머지 사람들이 아직 체온이 남아 있는 시신 곁으로 다가갔다. 그중 한 사람이 죽은 이가 먹다 남긴 지저분하기 짝이 없는 감자를 낚아채 갔다. 그다음 사람은 시신이 신고 있는 나무 신발이 자기 것보다 좋다고 생각했는지 신발을 바꾸어 갔다. 세 번째 사람도 앞사람이 했던 것과 똑같이 죽은 사람의 외투를 가지고 갔다. 그런가 하면 또 다른 사람은 진짜 구두끈을 갖게 됐다고 좋아했다.

나는 담담하게 이 모든 광경을 지켜본 뒤 '간호사'에게 시신을 치워 달라고 했다. 그는 시체 다리를 잡아서 50명이나 되는 환자들이 사용하는 두 개의 나무판 사이로 나 있는 좁은 통로로 시체를 끌어내렸다. 그런 다음 울퉁불퉁한 바닥 위로 질질 끌고 문 쪽으로 갔다. 문 앞에는 계단이 두 개 있었다. 밖으로 이어지는 그 계단 때문에 우리는 늘 애를 먹었다. 만성적인 굶주림으로 기운이 거의 없었기 때문이다. 수용소에서 몇 달을 보낸 후, 우리는 걸어서 그 계단을 올라갈 수 없을 정도였다. 높이가 겨우 6인치 정도에 불과했지만, 그곳에 오르려면 문설주를 붙잡고 몸을 끌어올려야만 했다.

간호사는 시체를 끌고 계단 앞으로 갔다. 그는 힘겹게 자기 몸을 끌어올렸다. 그런 다음에 시체를 끌어올렸다. 처음에는 발이, 그다음에는 몸통이, 드디어 마지막으로 괴상하게 덜컥거리는 소리를 내면서 머리가 올라갔다.

당시 나는 막사 맞은편에 있었다. 바닥에서 얼마 떨어지지 않은 작은 창문 옆에서 얼어붙은 손으로 뜨거운 수프가 담긴 그릇을 들고 맛있게 먹었다. 그러다가 우연히 창밖을 봤다. 조금 전 밖으로 옮겨진 시체가 동태 같은 눈으로 나를 바라보고 있었다. 두 시간 전에 나와 이야기를 나누던 사람이었다. 그러나 나는 곧 다시 수프를 먹었다.

만약 그때 내가 정신과 의사로서 직업의식을 가지고 나의 감정 결핍에 관심을 기울이지 않았다면, 나는 지금 이 일을 기억하지도 못했을 것이다. 당시에는 그 일이 나에게 아무런 감정도 불러일으키지 않았기 때문이다.

죽음보다 더한 모멸감

어느 것에도 관심을 두지 않는 정서와 감정의 둔화를 의미하는 무감각은 수감자들이 보이는 정서적 반응 두 번째 단계에서 나타나는 징후이다. 수감자들은 마침내 매일같이 반복되는 구타에도 무감각해진다. 이런 무감각은 수감자에게 꼭 필요한 보호막이 되어 그들을 둘러쌌다.

구타는 아주 사소한 이유로, 때로는 아무 이유도 없이 일어났다. 한 가지 예를 들겠다. 빵이 작업장까지 배달되면 배급받는 데 줄을 서야 했다. 그런데 한번은 내 뒤에 섰던 사람이 줄에서 약간 밖으로 삐져 나갔던 모양이다. 그런데 줄이 삐뚤어졌다는 사실이 감시병의 비위를 상하게 했다. 나는 뒤에서 무슨 일이 있었는지 몰랐고, 감시병에게도 전혀 관심이 없었다. 그런데 갑자기 무엇인가가 내 머리통을 두 번이나 강타하는 것이 아닌가. 그제야 나는 몽둥이를 휘두른 감시병이 내 옆에 와 있다는 것을 알았다. 이럴 때, 어른이나 벌을 받는 아이 모두에게 해당하는데, 가장 참기 힘든 것은 육체의 고통이 아니다. 부당하고 비합리적인 일을 당했다는 생각에서 오는 정신적 고통이다.

정말로 이상한 것은 어떤 상황에서는 흔적도 남지 않은 단 한 방의 구타가 그보다 심한 흔적을 남긴 구타보다 더 상처를 준다는 사실이다. 어느 날 나는 눈보라를 맞으며 철로 위에 서 있었다. 험악한 날씨 속에서 우리 반 사람들은 일을 계속해야 했다. 나는 자갈로 철로를 고치려고 정말 열심히 일했다. 그것이 추위를 이길 수 있는 유일한 방법이었기 때문이다. 그러다가 딱 한순간 숨을 돌리려고 일하던 손을 멈추고 삽에 몸을 기댔다.

바로 그때 운이 나쁘게도 감시병이 내 쪽으로 고개를 돌렸다. 그는 내가 게으름을 피우고 있다고 생각한 모양이다. 그때 그가 나에게 준 고통은 무례한 행동이나 주먹질이 아니었다. 넝마를 걸치고 초라한 몰골로 서 있는 나를 인간 형체를 한 물건쯤으로 여겼는지, 말은 물론, 욕지거리도 할 가치가 없다고 생각했던 모양이다. 욕을 하는 대신 그는 장난하듯이 돌멩이 한 개를 집어 나에게 던졌다. 나에게는 그것이 짐승의 주의를 돌리고, 가축들을 제자리로 돌아가게 하는 행동, 자기와는 닮은 점이 전혀 없어서 벌을 줄 가치조차 없다고 여기는 짐승에게 하는 행동처럼 느껴졌다.

구타당할 때 가장 괴로운 것은 그들이 주는 모멸감이었다. 한번은 얼어붙은 철로 위로 길고 무거운 도리를 옮겨야 했다. 만약 누군가 미끄러지면 그 자신은 물론, 함께 도리를 옮기던 모든 사람이 위험한 상황에 부닥친다. 내 오랜 친구 중 한 명은 선천적으로 엉덩관절이 탈구되어 있었다. 그런데도 일할 수 있다는 사실을 아주 기뻐했다. 왜냐하면 선별 과정에서 그와 같은 장애인은 대부분 살아남지 못했기 때문이다.

그는 유난히 무거운 도리를 들고 철로 위에서 절뚝거렸다. 자기가 넘어지는 것은 물론이고, 다른 사람들까지 넘어뜨릴 것 같았다. 마침 나는 도리를 옮기고 있지 않아서 그를 도와주려고 달려갔다. 그런데 바로 그때 등으로 한 방이 날아왔다. 감시병이 나에게 심하게 욕하면서 자리로 돌아갈 것을 명령했다. 나를 때린 감시병은 불과 몇 분 전에 우리를 향해 멸시하는 투로 너희 같은 '돼지들'에게는 동지애가 전혀 없다고 욕했던 바로 그 사람이었다.

무감각한 죄수가 분노할 때

한번은 영하 16도나 되는 날씨에 숲으로 가서 얼어붙은 땅을 파야 했다. 땅 밑에 수도관을 박기 위해서였다. 그때 나는 육체적으로 쇠약해져 있었다. 마침 저쪽에서 통통하고 혈색이 좋은 감독관이 다가왔다. 그 얼굴은 마치 돼지머리를 연상시켰다. 이 혹독한 날씨에 아주 따뜻한 장갑을 끼고 있는 것을 보았다. 그는 아무 말도 하지 않고 나를 잠시 쳐다보았다. 곧 벼락이 떨어질 조짐을 느꼈다. 내 앞에는 그동안 내가 얼마나 열심히 땅을 팠는지 보여 주는 흙더미가 쌓여 있었다.

드디어 그가 입을 열었다.

"이 돼지 같은 새끼. 처음부터 너를 지켜보고 있었어. 일을 어떻게 하는지 가르쳐 주지. 네 이빨로 더러운 쓰레기더미를 팔 때까지 한번 기다려 봐! 너는 짐승처럼 죽을 거야. 이틀 안에 아주 요절을 내 주지. 넌 평생 일이라고는 해 본 적 없는 놈이야. 전에는 뭐 했지? 이 돼지 새끼야. 장사했나?"

그가 화내는 것은 조금도 상관없었다. 하지만 나를 죽이겠다는 위협에는 진지해지지 않을 수 없었다. 나는 몸을 똑바로 세우고 그의 눈을 바라보았다.

"의사, 전문의였습니다."

"의사였다고? 사람들로부터 돈푼깨나 긁어모았겠군."

"돈을 벌려고 일한 것이 아니라 가난한 사람을 위한 진료소에서 일했습니다."

그 말을 하고 아차 싶었지만, 이미 너무 많이 말한 뒤였다. 그는 미친 사람처럼 소리를 지르며 달려들어 나를 쓰러뜨렸다. 그때 그가 무슨 말을 했는지는 기억나지 않는다.

내가 여기서 이런 시시콜콜한 이야기를 꺼내는 것은 아무리 감정이 무뎌진 수감자라고 할지라도 분노를 느끼는 순간이 있음을 말하기 위해서이다. 그 분노는 육체적인 학대와 고통에서 비롯된 것이 아니라 그것을 받으면서 느끼는 모멸감에서 나오는 것이다.

그 순간 피가 머리끝까지 솟구쳤다. 내 삶에 대해 잘 알지도 못하는 사람이 이러쿵저러쿵하는 소리를 들어야 했기 때문이다. 고백하자면, 이 일이 있고 나서 내가 동료 수감자들에게 한 말은, 나에게 어린아이 같은 위안이 되었다.

"저렇게 짐승 같고 야비하게 생긴 작자가 우리 병원에 오면 아마 간호사들이 대기실에도 들여보내지 않고 쫓아낼 걸."

한 카포에게서 받았던 작은 혜택들

다행한 일 중 하나는 우리 작업반 카포가 내 신세를 지고 있다는 것이었다. 막사에서 작업장까지 먼 길을 행진하는 동안 그가 쏟아 내는 연애 이야기와 결혼 생활 문제를 조용히 들어주었기에 그는 나를 좋아했다. 나는 그의 성격을 진단하고 정신 요법을 조언했고, 그는 나에게 고마워하면서 작은 혜택을 주었다.

280명 정도 되는 우리 작업반이 줄을 설 때 그는 앞에서 다섯 번째 줄 안에 있는 자기 자리 옆에 나를 세워 주었다. 그 호의는 대단한 것이었다. 일을 나가려면 아직 어둠이 가시지 않은 이른 아침에 줄을 서야 했는데, 늦어서 뒷줄에 서게 되는 것을 두려워했다. 힘들고 궂은일이 있으면, 고참 카포가 대개는 뒷줄에서 사람들을 데려갔기 때문이다. 이렇게 뽑힌 사람들은 동료들과 떨어져 다른 작업장으로 가야 했고, 낯선 감시병들의 감시를 받으며 힘든 일을 해야 했다.

물론 어떤 때는 단지 약삭빠르게 행동했던 사람을 데려가려고 앞에서 다섯째 줄 안에 있는 사람 중에서 뽑기도 했다. 모든 항의와 간청은 몇 차례의 정확한 발길질로 잠잠해졌다. 재수 없게 걸린 사람들은 고함을 듣고 주먹질을 당하며 정해진 장소로 끌려갔다. 하지만 내 도움을 받는 카포가 나에게 쏟아 내고 싶은 말을 가슴에 품고 있는 한 내게는 그런 일이 일어날 수 없었다. 그 옆자리가 나에게 보장되어 있었기 때문이다.

그 밖에 또 다른 혜택도 있었다. 수용소에 있는 수감자 대부분과 마찬가지로 나 역시 부종으로 고생했다. 다리가 심하게 부었고, 그 부분의 피부가 팽팽해져서 무릎을 구부리지 못할 정도였다. 신발을 신을 때 끈을 풀어야만 부어오른 발을 집어넣을 수 있었다. 양말도 없었지만, 만약 있다고 해도 양말을 신은 발은 들어가지 않았을 것이다. 그래서 맨살이 드러난 발은 늘 젖어 있었고, 신발은 항상 눈으로 가득 차 있었다. 당연히 동상에 걸려 터질 수밖에 없었다. 걸음을 옮길 때마다 살을 찢는 듯한 통증이 느껴졌다. 눈 덮인 길을 행진하면 신발 위로 얼음이 얼었다. 사람들이 계속해서 미끄러졌고, 따라가던 사람들이 그 위로 엎어졌다. 그러면 행진이 일시적으로 멈추곤 했다. 하지만 오래 지체되지는 않았다. 감시병 한 명이 바로 개머리판을 휘둘러서 넘어진 사람들이 빨리 일어나게 했다. 앞줄에 설수록 도중에 행진을 멈추는 일이 줄어들었고, 지체된 시간을 메우려고 아픈 발로 뛰어야 할 가능성도 그만큼 줄어들었다. 친애하는 카포 각하의 주치의로 임명된 나는 앞줄에 서서 일정한 속도로 행진하는 행운을 누릴 수 있었다.

그를 도와주고 받는 혜택은 이것만이 아니었다. 점심시간에 우리 작업반에서 수프를 나누어 줄 때면, 그는 국자를 수프 통 밑바닥까지 집어넣어 콩알 몇 개를 건져 내 수프에 넣어 주곤 했다. 전직 육군 장교였다는 이 카포는 심지어 나와 싸웠던 감독에게 내가 일을 아주 잘한다고 속삭이는 용기를 발휘하기도 했다. 그게 도움이 되지는 않았지만, 여하튼 그는 어찌어찌해서 내 목숨을 구해 주었다. 수없이 죽을 고비를 넘기는 가운데 적어도 한 번은 그의 도움을 받았다. 감독과 싸웠던 바로 그다음 날 그는 나를 몰래 다른 작업반으로 옮겨 주었다.

감독 중에도 우리를 측은하게 여기고, 적어도 건설 현장에서는 우리 상황을 개선해 주려고 최선을 다하는 사람들이 있었다. 그러나 그런 사람들조차도 일반 노동자가 우리보다 몇 배나 많은 일을 더 짧은 시간에 해낸다고 입버릇처럼 얘기하곤 했다. 하지만 일반 노동자는 하루에 빵 10온스 반(공식적으로는 그렇지만 실제로는 이것도 안 되는)과 묽은 수프 1과 4분의 3만 먹고는 살 수 없다는 것, 일반 노동자들은 우리가 겪는 정신적 스트레스를 받지 않는다는 것, 다른 수용소로 보내졌거나 혹은 방금 가스실로 보내진 가족 소식을 듣지 않아도 된다는 것, 매일매일 시시각각 끊임없이 죽음의 위협을 받고 있지 않다고 말하면, 그 말에 일리가 있다는 반응을 보였다. 언젠가는 한 마음씨 좋은 감독에게 이런 말을 한 적이 있다.

"만약 내가 당신으로부터 도로 공사 일을 배운 시간만큼 짧은 시간에 당신이 나에게 뇌 수술을 하는 방법을 배울 수 있다면 나는 당신을 존경하겠소."

그 말을 듣고 그는 씩 웃었다.

수감자들이 가장 흔하게 꾸는 꿈

두 번째 단계의 주된 징후인 무감각은 자기를 방어하기 위한 도구라고 할 수 있다. 현실이 불확실하면 오로지 한 가지 과제, 즉 나와 친구의 생명을 지키겠다는 과제에 모든 노력과 감정이 모아진다. 저녁이 되어 작업장에서 수용소로 돌아오면서 수감자들은 안도의 한숨을 쉬며 이렇게 말한다. "자, 이제 또 하루가 지났군."

그러한 긴장 상태는 살아남아야 한다는 과제에 끊임없이

집중해야 할 필요성과 결합해 수감자의 정신세계를 원시적인 수준으로 몰아넣었다는 것을 쉽게 이해할 수 있다. 밖에서 정신 분석을 배운 적이 있는 동료 수감자들은 수용소에 있는 사람들이 보이는 '퇴행' 현상에 대해 자주 이야기한다. 이것은 정신세계가 원시적인 수준으로 퇴보하는 것을 말한다. 그런 수감자들의 소원과 욕망은 꿈속에서 극명하게 드러났다.

수감자들이 가장 자주 꾸는 꿈은 무엇이었을까? 빵과 케이크, 담배 그리고 따뜻한 물로 하는 목욕이었다. 단순한 욕구를 충족시키지 못하는 상황이 꿈속에서나마 소원을 이루게 한 것이다. 그런 꿈들이 조금이라도 도움이 되었는가는 별개의 문제다. 꿈에서 깨면 수용소 생활이라는 현실로 돌아오고, 꿈속의 환상과 현실이 엄청나게 다르다는 것을 뼈저리게 느껴야만 했다.

나는 동료가 괴로워하는 소리를 듣고 잠에서 깼던 어느 밤을 결코 잊을 수 없다. 잠을 자면서 몸부림치는 걸 보니 악몽을 꾸고 있는 게 분명했다. 평소에도 악몽이나 황홀경에 시달리는 사람을 특히 딱하게 여겼기에 그 불쌍한 사람을 깨우려고 했다. 그러다 갑자기 내가 무슨 짓을 하려던 건지 놀라면서 깨우려던 손을 거두었다. 그 순간, 아무리 끔찍한 꿈일지라도 우리를 둘러싸고 있는 수용소의 현실, 그를 다시 데려오려던 현실만큼 나쁠 수는 없다는 사실을 절실히 깨달았다.

먹는 것에 대한 원초적 욕구

심한 영양실조로 고생하면 사람들의 정신이 온통 먹고 싶다는 본능에 집중되는 게 너무 당연했다. 수감자 대다수가 어쩌다 서로 가까이에서 일하게 되면, 감시가 소홀한 틈을 타서 무엇을 하는지 아는가? 당장 먹는 얘기를 꺼낸다. 배수구에서 일하는 친구가 옆에 있는 친구에게 좋아하는 음식이 무엇이냐고 묻는다. 그리고 서로 조리법을 교환한다. 머지않은 장래에 이곳에서 풀려나 집으로 돌아가는 날, 다시 만나게 되는 그날을 위해 식단을 짠다. 그러면서 먹을 것 얘기를 하고 또 한다. 머릿속에 아주 자세하게 그 모양을 그려 가면서. 이런 대화는 '감시병이 온다'(이 말을 전하는 데는 대개 특정한 단어나 숫자로 이루어진 암호가 사용됐다)라는 경고가 마지막 사람에게 전달될 때까지 계속된다.

하지만 나는 이렇게 먹는 이야기를 나누는 게 위험하다

고 생각했다. 극히 적은 배급량과 낮은 칼로리에 어떻게든 적응한 유기체를, 맛있는 음식에 대한 자세하고 감정적인 묘사로 자극하는 것은 잘못된 일이 아닐까? 먹는 이야기가 당장은 마음에 위안을 줄지 몰라도, 생리적으로는 위험을 수반한 환상일 뿐이다.

수용소 생활이 후반부에 접어들었을 때, 우리는 하루에 한 번 아주 묽은 수프와 작은 빵을 배급받았다. 가끔 '특별 배급'이라는 것을 받을 때도 있었다. 마가린 0.75온스, 보잘것없는 크기의 소시지, 작은 치즈 조각, 가공 벌꿀 조금, 묽은 잼 한 숟가락 등 그때마다 달랐다. 이런 식단은 열량이 절대적으로 부족했다. 허름한 옷을 입고 추위에 떨면서 맨손으로 중노동을 하는 상황을 고려한다면 말이다. '특별 간호'를 받아야 해서 작업장으로 가지 않고 임시 막사에 남아 있는 환자에게 주는 음식은 더 형편없었다.

마지막 남아 있던 피하 지방층이 사라지고, 몸이 해골에 가죽과 넝마를 씌워 놓은 것같이 됐을 때, 우리는 몸이 자신을 먹어 치우기 시작했다는 걸 느낄 수 있었다. 유기체는 자기 단백질을 소화시켰고, 근육이 사라졌다. 그러자 몸에서 저항력이 없어졌다. 같은 막사에 있던 사람들이 하나둘씩 죽어 나갔다. 우리 모두 다음에는 누가 죽을 것인지, 자신은 언제 죽을지 아주 정확하게 알고 있었다. 그동안의 경험을 토대로 어떤 징후가 보이면 어떤 일이 일어날 것인지 정확하게 예측할 수 있었다.

"저 사람 오래 못 갈 것 같아."

"다음 차례는 저 사람이군."

우리는 이렇게 수군거렸다.

매일 저녁 몸에 있는 이를 잡으면서 우리는 자기 알몸을 바라보았다. 그러고는 모두 같은 생각을 했다. 여기 있는 이 몸뚱이, 이제 정말로 송장이 됐구나. 나는 무엇일까? 나는 인간 살덩이를 모아 놓은 거대한 무리의 한 부분일 뿐이다. 철조망 너머 사람들로 바글거리는 막사에 갇혀 있는 거대한 무리의 한 부분, 그 구성원 일부가 죽어서 몸뚱이가 썩기 시작하는 바로 그 거대한 무리의 극히 일부분에 지나지 않는 것이다.

시시때때로 의식을 파고드는 먹는 것과 좋아하는 요리에 관한 생각을 떨쳐 버리기가 얼마나 힘든지는 앞에서 얘기했다. 우리 중에서 정신력이 가장 강한 것으로 알려진 사람도 맛있는 음식을 다시 먹을 날을 그리고 있었다. 단지 맛있는 음식 그 자체 때문이 아니었다. 그때가 되면 먹는 것 외에는 아무것도 생각할 수 없었던 인간 이하의 상황이 마침내 끝난다는 것을 의미하기 때문이다.

비슷한 경험을 해 보지 못한 사람들은, 굶주린 사람이 겪는 영혼을 파괴하는 정신적 갈등과 의지력의 충돌을 상상하기 어렵다. 참호 속에 서서 땅을 파면서, 단지 빵이 배급되는(만약 배급이 된다면) 오전 9시 반이나 10시 사이렌 소리만을 기다리는 것이 무엇을 의미하는지 좀처럼 이해하지 못할 것이다. 마음씨 좋은 감독이 있다면 지금이 몇 시냐고 계속 물어보고, 외투 주머니 안에 있는 빵을 장갑도 끼지 않은 언 손으로 살살 만지다가 손톱만큼 떼어서 먹고, 그러다가 마지막 남은 의지력으로 빵을 도로 호주머니에 넣으면서 오후까지 참겠다고 수없이 자기 자신에게 다짐하는 그런 상황 말이다.

수용소 생활이 후반부에 이르렀을 때는 하루에 한 번밖에 빵이 배급되지 않았다. 우리는 그 빵을 어떻게 먹을까 하는 문제로 끝도 없이 논쟁을 벌였다. 의견은 두 편으로 나뉘었다. 한 편은 그 자리에서 빵을 다 먹어 치우는 게 낫다고 했다. 비록 잠깐이지만 적어도 하루에 한 번은 극심한 굶주림의 고통에서 벗어날 수 있고, 도둑맞거나 잃어버릴 염려가 없다는 장점이 있었다. 다른 한 편은 배급받은 빵을 나누어서 먹어야 한다고 주장했다. 나는 결국 후자에 들기로 했다.

수용소의 24시간 중 가장 끔찍한 시간은 바로 기상 시간이었다. 아직 밖이 깜깜할 때 날카롭게 울리는 세 번의 호루라기 소리가 잠이 부족한 우리 몸을 달콤한 꿈에서 깨우곤 했다. 그런 다음 우리는 부종으로 부어오른 아픈 발을 젖은 구두 안에 쑤셔 넣으려고 한바탕 씨름했다. 그럴 때면 으레 신발 끈으로 쓰던 철사가 끊어지는 것 같은 사소한 문제가 발생했으며, 그 때문에 여기저기서 끙끙대거나 투덜거리는 소리가 들리곤 했다.

어느 날 아침에는 평소 꽤 용감하고 의연한 것으로 알려진 한 친구가 어린아이처럼 엉엉 우는 것을 보았다. 신발이 너무 작아져서 맨발로 눈 위를 걸어 작업장까지 가야 하는 처지가 됐기 때문이다. 하지만 동료가 슬퍼하고 있는 바로 그 순간에도 나는 다른 신나는 일에 정신이 팔려 있었다. 호주머니에서 작은 빵 조각을 꺼내 게걸스럽게 먹느라 정신이 없었다.

영양실조는 수감자들의 정신을 먹는 것에 집중시킨 원인이다. 그뿐만 아니라 이것으로 성욕이 없었던 사실도 설명할 수 있을 것이다. 물론 초기의 충격이 성욕을 감퇴시켰을 수 있지만, 이후로 모든 남자 수용소에서 공통으로 나타났던 이 현상을 설명할 수 있는 유일한 근거이다. 군대 같은 남자들만 있는 다른 집단과는 대조적으로, 수용소에서는 성도착자를 찾아볼 수 없었다. 꿈에서도 섹스를 하는 것 같지 않았다. 꿈에서는 평소에 풀지 못했던 욕구나 불분명한 감정이 정확하게 나타나는 법인데도 말이다.

메마른 정서

수감자 대다수는 원시적인 생활을 하면서 목숨을 부지하는 일에 정신을 집중하려고 노력했기 때문에, 그 목적에 도움이 되지 않는 일에는 철저하게 무관심했다. 수감자들의 정서가 완전히 메마르게 된 것도 바로 이 때문이다. 아우슈비츠에서 다하우에 있는 수용소로 이송될 때도 이것을 뼈저리게 느꼈다.

약 2천 명의 수감자를 태운 기차는 빈을 통과하게 되어 있었다. 자정 무렵, 기차는 빈의 한 기차역을 통과했다. 그 기차는 내가 태어난 거리, 수용소로 끌려가기 전까지 오랜 세월 살았던 집 앞을 지나갈 예정이었다.

내가 있던 열차 칸에는 50명 정도 타고 있었고, 벽에는 밖을 내다볼 수 있는 구멍이 두 개 뚫려 있었다. 안이 너무 비좁아서 사람들 일부만 바닥에 쪼그리고 앉을 수 있었고, 나머지는 몇 시간씩 서 있어야 했다. 그런데 서 있던 사람들이 그 구멍 주위로 몰려들었다.

나는 발뒤꿈치를 들고 다른 사람의 머리 위로 창살을 통해 아주 짧은 시간 내가 태어난 고장을 보았다. 우리는 모두 살아 있다기보다는 죽은 것 같은 기분이었다. 우리를 태운 기차가 마우트하우젠 수용소로 향하고 있으며, 우리에게 남은 시간은 기껏해야 한두 주뿐이라고 생각했기 때문이다. 저세상에서 돌아온 죽은 사람의 눈으로 유령 같은 도시를 내려다보는 것처럼, 어린 시절을 보냈던 거리와 광장과 집들을 바라보는 듯한 이상한 느낌을 받았다.

그곳에서 몇 시간을 지체한 후 다시 기차가 출발했다. 그리고 거기에 내가 자라고 살았던 바로 그 동네가 있었다! 밖을 내다볼 수 있는 구멍 주위에는 등 뒤에 수용소 생활의 햇수를 알리는 번호를 붙인 젊은이들이 서 있었다. 이런 여행이 꽤 신이 났는지 구멍으로 열심히 밖을 내다보고 있었다. 나는 아주 잠깐만이라도 좋으니 앞에 세워 달라고 그들에게 사정하고 애원했다. 바로 그 순간에 창문으로 밖을 보는 것이 내게 어떤 의미인지 설명하려고 애썼다. 하지만 그들은 무례하게 비웃으며 내 간청을 묵살했다.

"여기서 살았다고? 그렇다면 벌써 실컷 봤겠네!"

수용소 안에서의 정치와 종교

전반적으로 수용소 안에는 '문화적 동면' 현상도 있었다. 하지만 여기에 두 가지 예외가 있었으니, 바로 정치와 종교였다. 정치 이야기는 어디서나 시도 때도 없이 들을 수 있었다. 대개 소문에서 비롯된 것이었고, 소문은 어디선가 시작돼 끝도 없이 퍼져 나갔다. 전쟁 상황에 관한 소문은 대개 모순적이었다. 그러나 아주 빠른 속도로 꼬리에 꼬리를 물고 퍼지면서 수감자들의 마음을 신경과민 상태로 만들었다. 전쟁이 곧 끝날 것이라는 낙관적인 소문이 사람들의 마음에 실망을 안겨 준 게 한두 번이 아니었다. 그래서 희망을 포기한 사람들도 있었다. 하지만 이들보다 더 분통 터지는 사람들은 도저히 못 말리는 낙관주의자들이었다.

한편 일단 종교에 관심을 두기 시작하면 사람들은 진심으로 빠져들었다. 그 믿음의 깊이와 활력이 새로 수용소에 들어온 사람들에게 종종 경탄과 감동을 불러일으킬 정도였다. 종교와 관련된 의식 중에서 가장 인상 깊었던 것은 막사

귀퉁이나 자물쇠가 채워진 컴컴한 가축 운반용 트럭 안에서 드리는 임시 기도나 예배였다. 넝마 같은 옷을 입은 채 멀리 떨어진 작업장에서 피곤하고 굶주린 얼어붙은 몸을 이끌고 막사로 돌아가는 바로 그 트럭 안에서 즉석 예배와 기도회가 열리곤 했다.

1945년 겨울과 봄, 발진 티푸스가 퍼져 거의 모든 수감자가 전염됐다. 오랜 시간 중노동에 시달린 병약한 사람들이 엄청나게 많이 죽었다. 환자들을 위한 입원실이 턱없이 부족했으며, 쓸 만한 약이나 자격을 갖춘 의료 보조원도 없었다. 이 병의 증상에서 가장 받아들이기 힘든 것은 음식에 심한 거부감(이것이 사망의 위험을 더욱 가중시킨다)이 들고, 무서운 정신 착란 증세가 나타난다는 것이었다. 가장 심한 정신 착란 증세를 겪은 것은 내 친구였다. 자기가 죽어 간다고 생각한 그는 기도를 올리려고 했지만, 막상 기도할 말이 떠오르지 않더라는 것이다. 정신 착란 상태에 빠지지 않으려고 나도 다른 사람들처럼 밤새 깨어 있으려고 애썼다. 몇 시간 동안 나는 마음속으로 글을 썼다. 아우슈비츠 소독실에서 잃어버린 원고를 되살리는 작업을 시작한 것이다. 작은 종잇조각에 요점이 되는 단어들을 속기로 적었다.

때때로 수용소 안에서는 과학적인 토론이 벌어지기도 했

다. 한번은 내 직업과 어느 정도 관련이 있음에도, 평상시 삶에서는 본 적 없었던 광경을 목격했다. 강신술 모임이라는 것이었다. 수용소 주치의(그 역시 수감자였다)가 내가 정신과 의사라는 것을 알고 초대했는데, 모임은 막사에 있는 주치의의 작은 방에서 이루어졌다. 사람들이 둥글게 앉아 있었고, 그중에는 불법으로 참가한 위생 담당 사관도 있었다.

드디어 한 사람이 주문을 외면서 영혼을 부르기 시작했다. 그때까지도 수용소 서기는 무엇을 쓰려는 생각이 전혀 없는 사람처럼 하얀 종이 앞에 그냥 앉아 있었다. 그러다가 그다음 10분 동안(이 시간이 지나면 영매가 영혼을 불러내는 데 실패한 것으로 보고 모임이 끝난다) 종이 위로 천천히 연필을 움직이더니 누구나 알아볼 수 있는 글씨로 '패자에게 슬픔이(VAE V.)'라는 라틴어 문장을 쓰는 것이 아닌가. 서기는 라틴어를 배운 적이 없고, '패자에게 슬픔이(*vae victis*)'라는 말도 들어 본 적 없다고 주장했다.

하지만 나는 그렇게 생각하지 않는다. 단지 기억이 나지 않았을 뿐이지, 그는 아마 살면서 한 번쯤은 그 말을 들어 보았을 것이다. 그리고 우리가 석방되기 전, 전쟁이 끝나기 불과 몇 달 전인 바로 그 시점에 그의 '영혼(잠재의식의 정신)'이 이 말을 떠올렸을 것이다.

인간은 사랑을 통해서, 사랑 안에서 구원받는다

수용소에서는 신체적으로나 지적으로 원시적인 생활을 할 수밖에 없지만, 영적인 생활을 더욱 심오하게 하는 것은 가능했다. 밖에 있을 때 지적인 활동을 했던 감수성 예민한 사람들은 육체적으로는 더 많은 고통(그런 사람은 흔히 예민한 체질이니까)을 겪었을지 모르지만, 정신적인 측면에서 내면의 자아는 다른 사람들보다 비교적 적게 손상당했을 것이다. 그들은 가혹한 현실을 빠져나와 내적인 풍요로움과 영적인 자유가 넘치는 세계로 도피할 수 있는 능력을 갖추고 있었다. 별로 건강해 보이지 않는 사람이 체력이 강한 사람보다 수용소에서 더 잘 견딘다는 지극히 역설적인 현상도 이것으로 설명할 수 있다.

이것을 확실하게 알 수 있게 해 주는 일화 하나를 소개하겠다. 어느 날 아침 일찍 우리는 작업장을 향해 가고 있었다. 구령 소리가 들렸다.

"차렷! 앞으로 갓! 왼발 둘, 셋, 넷. 왼발 둘, 셋, 넷. 왼발 둘, 셋, 넷. 첫째 줄 주의! 왼발 그리고 왼발 그리고 오른발, 왼발. 모자 벗어!"

지금도 귀에 생생하게 들려오는 소리다.

'모자 벗어!'라는 구령이 떨어질 때, 우리는 마침 수용소 문을 통과하고 있었다. 탐조등이 우리를 환하게 비추었다. 민첩하게 행진을 못 하는 사람에게는 누구에게나 가차 없이 발길질이 가해졌다. 춥다고 허락 없이 모자를 귀까지 눌러 쓴 사람은 더 큰 벌을 받았다.

우리는 어둠 속에서 큰 돌멩이를 넘고 커다란 웅덩이에 빠지면서 수용소 밖으로 난 길을 따라 비틀거리며 걸었다. 호송하던 감시병들은 계속 고함을 지르면서 개머리판으로 우리를 위협했다. 다리가 아픈 사람은 옆 사람 팔에 의지해서 걸었다. 한마디도 하기가 힘들었다. 얼음같이 차가운 바람 때문에 누구든 입을 열 엄두를 내지 못했다. 그런데 높이 세운 옷깃으로 입을 감싸고 있던 옆의 남자가 갑자기 이렇게 속삭였다.

"만약 마누라들이 우리가 지금 이러고 있는 꼴을 본다면 어떨까요? 제발이지 마누라들이 수용소에 잘 있으면서 지금 우리가 당하고 있는 일을 몰랐으면 좋겠소."

그 말을 듣자 아내 생각이 났다. 빙판에 미끄러져 넘어지고, 수없이 서로를 부축하고, 한 사람이 또 한 사람을 일으켜 세우면서 몇 마일을 비틀거리며 걷는 동안, 우리는 한마디도 하지 않았다. 그러나 우리는 알고 있었다. 모두가 지금 아내 생각을 하고 있다는 것을.

때때로 나는 하늘을 바라보았다. 별들이 하나둘씩 빛을 잃어 가고, 아침을 알리는 연분홍빛이 짙은 먹구름 뒤에서 서서히 퍼져 가고 있었다. 내 머릿속은 온통 아내 모습뿐이었다. 그녀의 모습을 아주 정확하게 머릿속으로 그렸다. 그녀가 대답하는 소리를 들었고, 그녀가 웃는 것을 보았다. 그녀의 진솔하면서도 용기를 주는 듯한 시선을 느꼈다. 진짜든 아니든, 그녀의 모습은 막 떠오르기 시작한 태양보다도 더 밝게 빛났다.

그때 한 가지 생각이 내 머리를 관통했다. 생애 처음으로 나는 수많은 시인이 노래하고, 수많은 사상가가 최고의 지혜라고 외쳤던 하나의 진리를 깨달았다. 그 진리란 인간이 추구해야 할 궁극적이고 가장 숭고한 목표는 사랑이라는 것이다. 나는 '인간의 구원은 사랑을 통해서, 사랑 안에서 실현된다'라는 숭고한 비밀의 의미를 간파했다.

그때 나는 이 세상에 남길 것이 하나도 없는 사람이라도 사랑하는 사람을 생각하며(그것이 비록 아주 짧은 순간이라고 해도) 여전히 더할 나위 없는 행복을 느낄 수 있다는 것을 알게 됐다. 극단적으로 소외된 상황에서 자기 자신을 적극적으로 표현할 수 없을 때, 주어진 고통을 올바르고 명예롭게 견디는 것만이 자기가 할 수 있는 일의 전부일 때, 사람은 그가 간직하고 있던 사랑하는 사람의 모습을 생각하는 것으로 충족감을 느낄 수 있다. 내 생애 처음으로 나는 다음과 같은 말의 의미를 이해하게 됐다.

'천사들은 한없는 영광 속에서 영원한 묵상에 잠겨 있나니.'

나를 그대 가슴에 새겨 주오

앞에 있던 남자가 비틀거리자 뒤따르던 사람들이 그 위로 넘어졌다. 감시병이 달려와 채찍을 휘둘렀다. 그래서 내 생각이 잠시 멈췄다. 하지만 곧 내 영혼은 수감자 신세에서 벗어나 또 다른 세계로 가는 길을 찾아 되돌아갔고, 내 사랑하는 사람과 다시 대화를 이었다. 내가 물으면 그녀가 대답했다. 다음에는 그녀가 묻고 내가 대답했다.

"정지."

드디어 작업장에 도착했다. 모두 더 좋은 연장을 차지하려고 캄캄한 광 속으로 뛰어 들어갔다. 그리고 곡괭이와 삽을 들고 나왔다.

"이 새끼들. 빨리빨리 움직이지 못해?"

우리는 전날 일했던 배수구를 찾아서 갔다. 얼어붙은 땅이 곡괭이 끝에서 깨지는 소리를 냈고, 불꽃이 일어났다. 모두 말이 없었고, 머리는 마비돼 있었다.

그때도 내 마음은 여전히 아내의 모습에 매달려 있었다. 한 가지 생각이 머릿속을 스쳤다. 나는 아내가 아직 살았는지 죽었는지조차 몰랐다. 그러나 한 가지는 알고 있었다. 그제야 깨달은 것인데, 사랑은 사랑하는 사람의 육신을 초월해서 더 먼 곳까지 간다는 것이었다. 사랑은 영적인 존재, 내적인 자아 안에서 더욱 깊은 의미가 있다. 사랑하는 사람이 실제로 존재하든 존재하지 않든, 아직 살았든 죽었든 그런 것은 하나도 중요하지 않다.

나는 아내가 살았는지 죽었는지 몰랐다. 알 방법도 없었다(수용소에는 오는 편지도, 가는 편지도 없었다). 하지만 그 순간, 그것은 더는 문제가 되지 않았다. 알아야 할 필요도 없었다. 이 세상 그 어느 것도 내 사랑의 굳건함, 내 생각, 사랑하는 사람의 이미지에 영향을 줄 수는 없었다. 사실 그때 아내가 죽었다는 것을 알았더라도 전혀 개의치 않고 아내 모습을 떠올리는 일에 나 자신을 바쳤을 것이다. 나와 그녀가 나누는 정신적 대화 역시 아주 생생하고 만족스러웠을 것이다.

"나를 그대 가슴에 새겨 주오. 사랑은 죽음만큼이나 강한 것이라오."

세상이 이렇게 아름다울 수도 있다니

내면의 삶이 깊어지면서 수감자들은 멀리 과거로 도피해 자기 존재의 공허함과 고독감 그리고 영적인 빈곤으로부터 피난처를 찾을 수 있었다. 상상의 나래를 마음껏 펼치며 과거 일들을 회상했다. 그다지 중요하지 않은 작은 해프닝이나 사소한 것들이었다. 그 향수 어린 추억이 그들을 미화했으며, 때로는 이상한 성격으로 보이게도 했다. 그들의 세계와 존재가 현실에서 아주 멀리 떨어진 곳에 있는 것 같았다. 영혼은 그리움을 향해 먼 과거로 달려갔다.

나는 상상 속에서 버스를 탔고, 내가 사는 아파트 문을 열쇠로 열었다. 걸려 오는 전화를 받고 전등을 껐다. 우리 생각은 대개 이런 자질구레한 일들에 집중돼 있었고, 이런 기억이 우리를 눈물짓게 했다.

내적인 삶이 깊어지면서 전에는 전혀 느끼지 못했던 예술과 자연의 아름다움을 경험하기도 했다. 그 영향으로 때로는 자신을 둘러싸고 있는 끔찍한 상황을 완전히 잊기도 했다. 만약 아우슈비츠에서 바이에른 수용소로 이송 중인 호송 열차에서 작은 창살 너머 석양빛으로 찬란하게 빛나는 잘츠부르크산 정상을 바라보는 우리 얼굴을 누군가가 보았다면, 그 얼굴이 삶과 자유에 대한 모든 희망을 포기한 사람의 얼굴이라고 절대 믿지 않았을 것이다. 그런 상황에서도, 어쩌면 바로 그런 상황이라서, 우리는 그토록 오랫동안 그리워하던 자연의 아름다움에 도취되었다.

수용소에서 일할 때도 우리는 종종 옆에서 일하는 동료를 불러 바이에른 숲의 키 큰 나무 사이로 햇빛이 비치는 아름다운 풍경(뒤러의 그 유명한 수채화처럼)을 바라보게 했다. 우리가 거대한 비밀 군수 공장을 세운 바로 그 숲이다.

어느 날 저녁이었다. 죽도록 피곤한 몸으로 막사 바닥에 앉아 수프 그릇을 들고 있는 우리에게 동료 한 사람이 달려왔다. 그러더니 점호장으로 가서 해가 지는 멋진 풍경을 보라는 것이었다. 우리는 밖으로 나가서 서쪽으로 불길한 구름이 빛나고, 짙은 청색에서 핏빛으로 끊임없이 색과 모양이 변하는 구름으로 살아 숨 쉬는 하늘을 바라보았다. 진흙 바닥에 생긴 웅덩이에 비친 하늘과 잿빛 진흙으로 지어진 우리의 초라한 막사가 날카로운 대조를 이루었다. 감동으로 잠시 침묵이 흐른 뒤, 누군가가 이렇게 말했다.

"세상이 이렇게 아름다울 수도 있다니!"

어둠 속에도 빛은 있나니

그날도 우리는 참호 속에서 일하고 있었다. 잿빛 새벽이 우리를 둘러쌌다. 우리 위에 있는 하늘도 잿빛이었고, 창백한 새벽빛에 반사되는 눈도 잿빛이었다. 동료가 걸친 넝마도 잿빛이었고, 얼굴도 잿빛이었다. 나는 또다시 아내와 침묵의 대화를 나누고 있었다. 어쩌면 당시 나는 내 고통과 내가 서서히 죽어 가야 하는 상황에 대해 정당한 '이유'를 찾으려고 애썼는지도 모른다. 곧 닥칠 죽음에의 절망에 마지막으로 격렬하게 항의하는 동안, 내 영혼이 사방을 뒤덮은 음울한 빛을 뚫고 나오는 것을 느꼈다. 절망적이고 의미 없는 세계를 뛰어넘는 것을 느꼈다. '삶에 궁극적인 목적이 있는가'라는 나의 질문에 어디선가 '그렇다'라고 하는 활기찬 대답을 들었다.

바로 그 순간 수평선 저 멀리 그림처럼 서 있던 농가에 불이 들어왔다. 바이에른의 동트는 새벽, 초라한 잿빛을 뚫고 불이 켜졌다.

"어둠 속에도 빛은 있나니(*Et lux in tenebris lucet*)."

빛은 어둠 속에서 빛났다. 나는 몇 시간 동안 얼어붙은 땅을 파면서 서 있었다. 감시병이 지나가면서 욕했고, 나는 또다시 사랑하는 사람과 대화를 나누었다. 그러자 점점 더 아내가 곁에 있는 것같이 느껴졌다. 그녀는 정말로 내 곁에 있었다. 그녀를 만질 수 있을 것 같았고, 손을 뻗어 그녀의 손을 잡을 수 있을 것 같았다. 그 느낌이 너무나 생생했다. 그녀가 정말로 '거기에' 있었던 것이다. 바로 그 순간 새 한 마리가 날아와 내가 파 놓은 흙더미 위에 앉았다. 그리고 천천히 나를 바라보았다.

강제 수용소에서의 예술

앞에서 예술에 관해 이야기했다. 강제 수용소에서도 예술이 가능할까? 그것은 무엇을 예술이라고 부르느냐에 따라 다를 것이다. 수용소에서는 즉석에서 카바레 비슷한 것이 만들어질 때가 종종 있었다. 잠깐 막사 안을 깨끗이 치우고, 나무 의자를 밀거나 함께 못질한다. 그런 다음 프로그램을 짠다. 저녁이면 수용소 안에서 비교적 처지가 좋은 사람, 즉 카포나 수용소를 떠나지 않아도 되는 사람들이 그곳에 모인다. 그들은 몇 번은 웃고, 또 몇 번은 울려고 이곳에 온다. 어쨌든 자기들이 처해 있는 현실을 잊으려고 오는 것이다. 노래를 부르고, 시를 낭송하고, 촌극을 하는데 그중에는 수용소 현실을 풍자한 것도 있었다. 그 모든 것은 현실을 잊으려고 하는 것이었으며, 실제로 현실을 잊는 데 도움이 됐다. 이 모임은 매우 인기가 있어서 피곤한 몸을 끌고 식사를 거르면서까지 카바레를 찾는 일반 수감자도 있었다.

점심시간 30분 동안 작업장에서 수프(하청업자가 그 비용을 대는데, 그렇게 많은 돈을 대지는 않았다)를 배급받을 때, 우리는 아직 완공되지 않은 기관실에 가서 먹어도 된다는 허락을 받았다. 국자로 퍼 준 멀건 수프를 들고 기관실로 갔다. 우리가 게걸스럽게 수프를 먹는 동안, 한 사람이 통 위로 올라가 이탈리아 아리아를 한 곡 불러 젖혔다. 우리는 그 노래를 정말로 좋아했고, 그에게는 '바닥을 긁어서 퍼 주는', 곧 콩알 몇 개가 더 들어가는 수프 두 국자가 상으로 돌아갔다.

여흥거리에만 보상이 주어진 것은 아니었다. 칭찬에도 보상이 돌아갔다. 한번은 이런저런 이유로 수용소에서 '살인마 카포'라고 불리는 사람에게서 다른 사람을 보호해 주어야 할 일(내가 그런 보호가 필요하지 않은 처지인 것이 얼마나 다행스러운 일인가!)이 생겼다.

일의 전말은 이랬다. 어느 날 저녁 나는 다시 강신술 모임이 열리는 방으로 초대되는 영광을 얻었다. 거기에는 지난번처럼 주치의의 절친한 친구들이 모였으며, 역시 불법으로 참석했던 위생 담당 사관도 있었다.

살인마 카포는 여기에 우연히 들어왔다가 사람들에게 시 한 편을 낭송해 달라는 요청을 받았다. 그의 시는 수용소에서 악명 높은 것으로 유명했다. 두 번 청할 필요도 없이 그가 자리에서 일어났다. 그러더니 일기장 비슷한 것을 꺼내 거기에 적혀 있는 자기 예술의 시험작을 읽기 시작했다. 그가 자기의 연애시를 읊는 동안, 나는 터져 나오는 웃음을 참으려고 입술을 깨물었다. 아마 그렇게 했기 때문에 목숨을 부지할 수 있었는지도 모른다. 나는 칭찬에 너그러운 편이어서, 만약 내가 그의 작업반에 배치됐다 하더라도(사실 그전에 하루 동안 그의 작업반에서 일한 적이 있었다. 그 하루로 충분했지만) 목숨을 지킬 수 있었을 것으로 생각한다. 어쨌든 그 살인마 카포에게 좋은 인상을 심어 준다는 게 아주 중요했다. 그래서 나는 힘껏 박수를 쳤다.

물론 일반적으로 말해서 수용소 안에서 예술을 추구하는

것은 다소 기괴했다. 수용소 사람들이 예술과 관련된 행위에 깊이 감동받는 것은 음울한 현실과 예술 사이에 놓여 있는 엄청난 간극을 뼈저리게 느끼기 때문이었다.

나는 지금도 아우슈비츠에서 보낸 두 번째 밤, 지친 몸으로 깊은 잠에 빠져 있다가 음악 소리에 깨어났던 그 순간을 절대 잊지 못할 것이다. 막사 입구에 있는 고참 관리의 방에서 축하 모임이 있는 것 같았다. 술에 취해 왁자지껄하는 소리 중에 흔해 빠진 노랫소리도 섞여 있었다. 그러다가 갑자기 정적이 흐르더니, 곧이어 바이올린이 흐느끼듯 연주하는 애끓는 탱고 선율이 조용한 밤하늘에 울려 퍼졌다. 너무 자주 연주돼 식상한 느낌을 주는 곡이 아니었다. 바이올린이 흐느끼는 소리에 나도 덩달아 흐느꼈다. 그날은 바로 어떤 사람이 24번째 생일을 맞는 날이었다. 그는 아우슈비츠 수용소의 다른 막사에 누워 있다. 어쩌면 겨우 몇백 야드 혹은 몇천 야드밖에 떨어져 있지 않지만, 전혀 닿을 수 없는 곳에 있는 사람. 바로 내 아내였다.

강제 수용소에서의 유머

강제 수용소에 예술 비슷한 것이 있었다는 사실만으로도 놀라워하는 사람이 있을 것이다. 하지만 예술뿐만 아니라 유머도 있었다는 것을 알면 더욱더 놀랄 것이다. 비록 그 흔적이 아주 희미하고, 지속되었어도 몇 초 혹은 몇 분 동안일 뿐이었지만, 유머는 자기 보존을 위한 투쟁에 필요한 또 다른 무기였다. 이미 잘 알려진 대로 유머는 어떤 상황이라도 딛고 일어설 수 있는 능력과 초연함을 가져다준다.

건축 공사장에서 일할 때, 실제로 나는 옆에서 일하는 친구가 유머 감각을 키울 수 있도록 훈련시켰다. 그에게 적어도 하루에 한 가지씩 재미있는 이야기를 만들어 내자고 했다. 이야기 소재는 우리가 풀려난 다음에 일어날 수 있는 일이었다. 친구는 외과 의사로, 큰 병원에서 보조 스태프로 일한 적이 있었다. 그래서 그가 풀려나 전에 일하던 병원으로 다시 돌아갔을 때, 수용소 생활의 습관을 쉽게 버리지 못해서 일어날 수 있는 일들을 들려주어 웃게 했다.

건축 공사장에서는, 특히 총감독이 순시할 때는, 감독이 일을 빨리하라고 우리에게 고함을 질러 댔다.

"빨리빨리 움직여!"

나는 친구에게 말했다.

"자네가 수술실에 들어가 큰 개복 수술을 하게 됐어. 그런데 갑자기 병원 보조원이 달려와 외과 과장이 도착했다고 알려 주면서 소리치는 거야. 빨리빨리 움직여!"

때때로 다른 동료들이 미래에 관한 재미있는 상상을 하기도 했다. 풀려난 후 어느 날 저녁 초대를 받았는데, 자기가 풀려났다는 사실을 깜빡 잊고는 그 집 안주인에게 이렇게 부탁할 수도 있다는 얘기였다.

"밑바닥에서부터 퍼 주세요."

유머 감각을 키우고 사물을 유머러스하게 보려는 시도는 삶의 기술을 배우면서 터득한 일종의 요령이다. 고통이 곳곳에 도사리고 있는 수용소에서도 이런 삶의 기술을 쓸 수 있다. 한번 유추해 보자. 인간의 고통은 기체의 이동과 비슷한 면이 있다. 일정한 양의 기체를 빈방에 들여보내면 그 방이 아무리 크더라도 기체가 아주 고르게 방 전체를 완전히 채운다. 마찬가지로 인간의 고통도 그 고통이 크든 작든 상관없이 인간의 영혼과 의식을 완전하게 채운다. 따라서 고통의 '크기'는 완전히 상대적이라고 말할 수 있다.

사소한 것에서 느끼는 상대적인 행복

이것은 곧 아주 사소한 일이 큰 즐거움을 가져다줄 수 있다는 말이 되기도 한다. 아우슈비츠에서 다하우에 있는 수용소로 갈 때 겪은 일을 예로 들어 보겠다. 당시 우리는 타고 있는 기차가 마우트하우젠 수용소로 가게 될까 봐 두려웠다. 도나우강에 걸쳐 있는 다리가 점점 가까워질수록 긴장했다. 여행을 해 본 친구가 마우트하우젠으로 가려면 도나우강을 건너야 한다고 말했기 때문이다. 우리 기차가 다리를 건너지 않고 '그냥' 다하우로 간다는 사실을 알았을 때, 기차 안에서 수감자들이 기쁨에 겨워 춤추던 모습은 직접 보지 못했다면 도저히 상상할 수 없을 것이다.

2박 3일 동안의 여행이 끝나고 마침내 수용소에 도착했을 때 무슨 일이 일어났는지 아는가? 그동안 기차 안이 너무 좁아서 한꺼번에 모든 사람이 앉을 수 없었다. 몇몇 사람이 오줌으로 축축하게 젖은 짚단에 교대로 앉아 있는 동안, 나머지 사람들은 내내 서 있어야만 했다.

우리가 도착했을 때 나이 많은 수감자에게 들은 첫 번째 소식은 비교적 작은 규모(수용 인원이 2,500명밖에 안 됐다)의 이 수용소에는 살인용 오븐도, 화장터도, 가스실도 없다는 것이었다! 그 말은 곧 몰골이 '회교도'로 변한 사람도 곧바로 가스실로 갈 염려가 없다는 것을 뜻했다. 아우슈비츠로 돌려보내기 위한 '환자 수송차'가 올 때까지는 적어도 안전하다는 것이다. 이 기쁜 소식이 기분을 들뜨게 했다. 아우슈비츠에 있던 우리 고참 관리인이 소망하던 일이 드디어 이루어진 것이다. 우리는 아우슈비츠와는 달리 '굴뚝'이 없는 그 수용소로 서둘러 뛰어 들어갔다. 그 후 몇 시간을 아주 힘들게 보냈지만, 그 와중에도 우리는 연신 웃으면서 농담을 주고받았다.

도착 후 인원 점검을 하면서 한 사람이 없어진 것을 알았다. 우리는 없어진 사람을 찾을 때까지 몇 시간 동안 차가운 바람과 비를 맞으며 밖에 서 있어야 했다. 그는 막사 안에서 발견됐는데, 피곤에 지친 나머지 그만 잠에 곯아떨어진 것이었다. 그다음 점호는 기합 행렬로 바뀌었다. 오랜 여행의 긴장도 풀지 못한 채 우리는 밤을 꼬박 새우고 이튿날 아침 늦게까지 비를 맞으며 꽁꽁 언 채 밖에 서 있어야 했다. 그런데도 우리는 여전히 행복했다. 이 수용소에는 굴뚝이 없고, 아우슈비츠는 여기서 아주 멀리 떨어진 곳에 있다!

한번은 죄수들이 우리 앞을 지나갔다. 그들을 보니 우리의 고통이 상대적으로 얼마나 크게 느껴지던지! 우리는 그 죄수들이 누리는 더 잘 정돈되고, 안전하고, 행복한 생활이 부러웠다. 저 사람들은 틀림없이 정기적으로 목욕할 거라고 생각하니 내 신세가 처량해졌다. 분명 칫솔과 옷솔을 갖고 있을 거야. 매트리스도 각자 하나씩 있겠지. 한 달에 한 번씩은 편지를 받을 거야. 가족들이 어떻게 지내고 있는지, 적어도 죽었는지 살았는지는 알 수 있는 그런 편지 말이야. 우리는 아주 오래전에 이 모든 것을 잃어버리고 말았다.

공장에 들어가 안전한 실내에서 일하는 사람을 또 얼마나 부러워했던가! 목숨을 부지할 수 있는 한 조각의 행운을 얻는 것이 당시 우리가 바라는 모든 것이었다. 상대적인 행운의 척도는 이것 말고도 많이 있었다. 수용소 밖으로 나가서 일하는 사람(나도 여기에 속해 있었다) 중에는 상대적으로 더 열악한 곳에서 일하는 작업반이 있었다. 매일 열두 시간씩 가파른 언덕에서 진흙탕을 오가며 좁은 선로를 따라 운반되는 통을 비우는 일을 했던 사람들은 그보다 편한 일을 하는 사람들을 부러워했다. 매일 발생하는 사고 대부분이 바로 여기서 일어났으며, 그 결과가 대개 치명적이었기 때문이다.

그런가 하면 이곳의 전통이라면서 수없이 주먹을 휘두르는 감독이 있는 작업반에 배치된 사람도 있었다. 우리는 그런 작업반에 들어가지 않게 된 것에, 아니면 가더라도 잠깐만 그곳에서 일하게 된 것에 상대적으로 운이 좋았다고 얘기하곤 했다. 한번은 운 나쁘게도 내가 우연히 그런 작업반에 들어가게 됐다. 만약 두 시간(그동안 감독이 줄곧 나를 주시하고 있었다) 뒤에 공습경보가 울려 작업이 중단되고, 그 후 작업조가 다시 편성되지 않았더라면 나는 아마 지쳐서 죽었거나 아니면 죽어 가는 사람들을 실어 나르는 대형 수레에 실려 수용소로 되돌아왔을 것이다. 그런 상황에서 사이렌 소리가 주는 안도감이 어떤 것인지는 누구도 상상하지 못할 것이다. 한 라운드가 끝나는 종소리를 듣고, 마지막 순간에 녹아웃될 위기를 모면한 권투 선수의 심정이 바로 이런 것 아닐까.

우리는 아주 작은 은총에도 고마워했다. 잠자리에 들기 전 이를 잡을 시간을 준다는 것도 반가웠다. 물론 이를 잡는 일 자체는 절대 유쾌하지 않았다. 이를 잡으려면 천장에 고드름이 주렁주렁 달린 추운 막사에서 옷을 벗고 서 있어야 하기 때문이다. 그렇지만 우리는 이를 잡는 도중 공습경보가 울려서 전등불이 나가지 않았다는 사실에 감사했다. 만약 이 시간에 이를 제대로 잡지 못하면 하룻밤의 절반을 꼬박 깨어 있어야 하기 때문이다.

수용소 생활에서 느끼는 작은 행복은 일종의 소극적인 행복, 즉 쇼펜하우어가 말한 '고통으로부터의 자유' 같은 것이었고, 그조차도 상대적으로만 느낄 수 있었다. 진정한 의미의 행복은 아무리 작은 것이라도 거의 없었다.

한번은 즐거움을 일종의 대차 대조표로 만들어 보았다. 그 결과 지난 수 주 동안 나에게 즐거운 순간이 딱 두 번밖에 없었다는 사실을 알게 됐다. 하나는 일을 마치고 취사실에 들어가 줄을 길게 서서 기다리다가, 마침내 요리사 F 앞으로 난 줄에 서는 행운을 잡은 것이다.

우리와 같은 수감자 출신인 요리사 F는 커다란 국 냄비 뒤에 서서, 사람들이 빠르게 지나가면서 내미는 그릇에 수프를 퍼 주고 있었다. 그는 수프를 퍼 줄 때 그릇을 내민 사람을 쳐다보지 않는 유일한 요리사였다. 자기 친구나 고향 사람에게는 몇 알 안 되는 감자를 주고, 다른 사람에게는 위에서 살짝 걷어 낸 희멀건 국물만 주는 짓을 하지 않았다. 누구에게나 공평하게 수프를 나누어 주었다.

하지만 자기가 아는 사람을 다른 사람보다 우선시하는 수감자들을 비판하고 싶은 생각은 없다. 언제 죽을지 알 수 없는 상황에서 친구에게 호의를 베풀었다는 이유로 누가 그에게 돌을 던지겠는가? 비슷한 상황에서 정말로 그렇게 하지 않겠다는 확신이 서지 않는 한, 누구도 비난할 수는 없을 것이다.

상대적 행복을 느꼈던 환자 생활

그로부터 오랜 시간이 흐른 후, 내가 정상적인 생활(이것은 곧 내가 수용소에서 풀려난 후로 아주 오랜 시간이 흘렀다는 것을 의미한다)로 돌아왔을 때, 누군가가 주간 회보에 실린 사진을 보여준 적이 있었다. 죄수들이 침상 위에 빽빽하게 누워서 흐리멍덩한 시선으로 방문객을 바라보는 사진이었다.

"정말 무섭지 않습니까? 사람을 바라보는 저 무시무시한 얼굴들을 보십시오. 모든 것이 너무나 끔찍하지 않습니까?"

"어째서요?"

나는 물었다. 정말로 그 말을 이해할 수 없었기 때문이다. 바로 그 순간 과거에 일어났던 모든 일이 눈앞을 스쳐 지나갔다.

새벽 5시, 밖은 아직 어둠에 묻혀 있었다. 나는 사람들 70명이 '치료받고 있는' 흙으로 만든 막사의 딱딱한 판자 위에 누워 있었다. 우리는 병에 걸려서 일하러 가지 않아도 됐다. 행진에 나갈 필요도 없었다. 하루 종일 막사 한 귀퉁이에 누운 채로 졸면서 그날 분의 빵(물론 병자에게는 양이 줄지만)과 수프(물을 탄 데다 양도 적어진)가 배급되기를 기다렸다. 그때 우리는 얼마나 이 상황이 만족스러웠는지 모른다. 모든 게 불편했지만 행복했다. 체온이 떨어지는 것을 막기 위해 몸을 꼭 밀착하고, 손 하나 까딱하고 싶지 않은 나른한 상태에서, 이제 막 돌아온 야간 당번들이 점호를 받는 운동장에서는 날카로운 호루라기 소리와 구령 소리가 들려왔다.

마침 그때 문이 활짝 열리면서 눈보라가 막사 안으로 몰아쳐 들어왔다. 지칠 대로 지친 동료 한 사람이 눈을 뒤집어쓴 채 단 몇 분이라도 앉아서 쉬려고 비틀거리며 안으로 들어왔다. 하지만 고참이 그를 다시 밖으로 쫓아냈다. 인원 점검을 하는 동안 외부인이 막사 안으로 들어오는 것을 엄격하게 금지했기 때문이다. 그때 내가 얼마나 그 친구에게 미안했는지, 그와 같은 처지가 아니라 병에 걸려 병동에서 졸 수 있다는 사실이 얼마나 기뻤는지! 그곳에서 보낸 이틀이 그리고 또다시 주어진 이틀이 내 생명을 보존하는 데 얼마나 큰 도움이 됐는지 모른다.

잡지에 실린 사진을 보는 순간, 이 모든 일이 마음속에 떠올랐다. 나는 이 이야기를 그에게 들려주었고, 그제야 그는 내가 그 사진을 그렇게 끔찍하게 생각하지 않는 이유를 알게 됐다. 사진 속에 있는 사람들이 어쩌면 전혀 불행하지 않을 수도 있는 것이다.

병동에 누워 있은 지 사흘째 되는 날, 나는 야근 당번에

편성됐다. 그런데 바로 그때 주치의가 달려와 발진 티푸스 환자를 수용한 다른 수용소에서 의료 자원봉사자로 일하지 않겠냐고 물어왔다. 친구가 간곡히 만류했지만(그리고 내 동료 의사 중에 이런 일에 자원하는 사람이 하나도 없었음에도) 나는 가기로 결심했다. 나는 작업반에 배치된다면 얼마 지나지 않아 죽게 되리라는 것을 알고 있었다. 만약 내가 죽어야 한다면 나는 내 죽음에 어떤 의미를 부여하고 싶었다. 의사로서 동료들을 돕다가 죽는 것이 그전처럼 비생산적인 일을 하는 노동자로 무기력하게 살다가 죽는 것보다 확실히 의미 있는 일이라고 생각했다.

나에게 이것은 단순한 계산이지 희생이 아니었다. 그때 위생 사관이 비밀리에 발진 티푸스 병동으로 자원해 가는 우리를 특별히 잘 '간호'하라는 명령을 내렸다. 우리가 너무 쇠약했기 때문에 자칫 의사 두 명 대신 시체 두 구를 얻게 될까 봐 겁이 났던 것이다.

생존을 위해 군중 속으로

수용소에서는 자기 목숨이나 친한 친구의 목숨을 구해야 한다는 절박한 문제와 관련 없는 모든 것들이 가치를 잃었다는 얘기를 이미 했을 것이다. 이 목적을 위해 다른 모든 가치가 희생됐다. 사람들은 자신이 지닌 모든 가치를 위협받거나 의심하게 되면서 정신적 혼란에 휘말린다. 인간의 생명과 존엄성이 지닌 가치가 더는 인정받지 못하는 세계, 인간의 의지를 박탈하고, 그를 단지 처형(처음에는 그를 이용할 대로 이용하다가 육체의 마지막 한 점까지 이용하도록 계획된) 대상으로 전락시킨 세계, 이런 세계에서 개인의 자아는 끝내 가치를 상실할 수밖에 없다.

만약 강제 수용소에 있는 사람이 자존심을 지키기 위해 싸우지 않으면, 그는 자기가 하나의 인간이라는 생각, 마음을 지니고 내적인 자유와 인격적 가치를 지닌 인간이라는 생각을 잃어버리게 된다. 자신을 그저 거대한 군중의 일부로만 생각하고, 존재가 짐승과 같은 수준으로 떨어지는 것이다. 사람들은 생각이나 의지가 없는 양 떼처럼 무리 지어, 때로는 여기에 있다가 그다음에는 저기로, 때로는 함께 몰려다니다가 때로는 서로 떨어져 다니게 된다.

그런데 수는 적지만 매우 위험한 무리가 사방에서 이들을 감시하고 있다. 고문과 남을 괴롭히는 데 아주 능통한 자들이다. 그들은 끊임없이 고함치고, 발길질과 주먹질을 해대며 무리를 뒤에서 앞으로 몰아간다. 그리고 양 떼인 우리는 오로지 두 가지 생각만 한다. 어떻게 하면 저 무서운 개들을 피할까, 어떻게 하면 음식을 먹을 수 있을까.

떼를 지어 무리 한복판으로 슬금슬금 들어가려는 양 떼와 마찬가지로 우리는 행렬 한가운데로 들어가려고 애썼다. 그러면 행렬 양옆과 앞뒤에 있는 감시병들의 주먹질을 피할 수 있는 여지가 그만큼 많아지기 때문이다. 게다가 행렬 한가운데에서는 매서운 바람을 덜 맞을 수 있다는 장점도 있다. 따라서 목숨을 구하려고 우리는 글자 그대로 군중 속에 자기 자신을 파묻으려고 애를 썼다. 이런 일은 행렬을 만들 때 거의 무의식적으로 일어났다. 하지만 수용소 안에서는 가장 절박한 자기 보존의 법칙에 따라 의식적으로 노력할 때도 있었다. 그 법칙은 될 수 있는 대로 눈에 띄지 말라는 것이었다. 그래서 우리는 나치 대원의 눈에 뜨이지 않으려고 항상 애썼다.

나 혼자만의 공간

수용소에서도 사람들과 떨어져 혼자 있을 수 있는 시간이 있었다. 심지어는 그래야 할 필요가 있을 때도 있었다. 잘 알다시피 강제로 공동생활을 하다 보면 언제나 자신이 하는 모든 일이 다른 사람의 시선을 끈다. 그래서 때로는 잠시만이라도 사람들에게서 벗어나 혼자 있고 싶다는 생각이 강하게 든다. 수용소에 갇힌 사람들은 혼자 있게 되기를, 혼자서 사색에 잠길 수 있기를 간절히 원했다. 그들은 자기만의 개인적인 공간, 혼자 있는 고독을 열망했다. 소위 말하는 '요양소'로 옮긴 후, 나는 한 번에 5분 정도 혼자 고독을 즐기는 흔치 않은 행운을 누리게 됐다.

내가 일하는 막사에는 정신 착란증 환자가 50명 정도 수용돼 있었다. 막사 뒤 수용소를 두 겹으로 둘러친 철조망 한 귀퉁이에 아주 조용한 곳이 있었다. 이곳에는 시신 여섯 구(수용소에서는 하루 평균 이 정도 사람이 죽는다)를 보관하려고 기둥 몇 개와 나뭇가지를 엮어서 세운 임시 천막이 있었고, 배수관으로 통하는 구멍도 나 있었다. 나는 일이 없을 때마다 이 구멍의 나무 뚜껑 위에 쭈그리고 앉아 있곤 했다. 그저 앉아서 꽃이 만발한 초록빛 산등성이를 바라보거나 철조망의 마름모꼴 그물눈 안에 들어가 있는 먼 바이에른의 푸른 언덕을 바라보았다. 나는 간절하게 꿈을 꾸었다. 그러면 내 마음은 북쪽에서 북서쪽, 내 집이 있는 방향으로 날아갔다. 그러나 보이는 것은 구름뿐이었다.

옆에 있는 시체, 이가 득실거리는 그 시체도 나에게는 문제가 되지 않았다. 감시병이 지나가는 발소리만이 나를 꿈에서 깨울 수 있었다. 병실에서 부르는 호출이나 새로 들어온 의약품(약이라고 해 봤자 아스피린 다섯 알 내지 열 알이 전부로, 환자 50명이 있는 막사에서는 며칠이면 바닥이 나는 양이었다)을 받아 가라는 소리 때문에 꿈에서 깰 때도 있었다.

약을 받고 나서 회진을 했다. 환자들의 맥박을 일일이 재어 보고 상태가 위급한 환자에게 약을 반 알씩 주었다. 가망이 없는 환자에게는 약을 주지 않았다. 약이 아무런 도움이 되지 않고, 더 나아가 그것이 결국 가망 있는 환자들에게 써야 할 약을 빼앗는 것과 같기 때문이다. 증세가 가벼운 환자에게는 격려의 말 이외에 아무것도 해 주지 않았다. 나도 발진 티푸스에 심하게 걸려 완전히 기진맥진한 상태였지만, 몸을 끌다시피 하면서 이 환자에서 저 환자로 옮겨 가며 그들을 돌보았다. 그러고는 다시 배수관 나무 뚜껑 위에 있는 나 혼자만의 장소로 돌아가곤 했다.

이 구멍 덕분에 어느 날 우연히 내 친구 세 명의 목숨을 구하기도 했다. 수용소에서 풀려나기 바로 직전, 다하우로 가는 대규모 수송 작전이 있었다. 세 친구는 아주 약삭빠르게 구멍 안으로 들어가 감시병의 눈을 피했다. 친구들이 구멍으로 들어가자 나는 조용히 뚜껑 위에 앉아 아무것도 모르는 것 같은 순진한 표정으로 어린아이처럼 철조망에 자갈을 던지고 있었다. 감시병이 나를 보고 잠시 망설이다가 그냥 가 버렸다. 그가 간 다음 나는 밑에 있는 세 친구에게 최악의 위험한 상황은 지나갔다고 알려 주었다.

번호로만 취급되는 사람들

수용소에서 사람 목숨이 얼마나 하찮게 여겨지는지 경험해 보지 못한 사람은 상상도 못 할 것이다. 감정이 무뎌진 수용소 사람들도 병든 사람을 이송할 때는 이곳에서 인간 존재가 얼마나 철저하게 무시당하는지를 느꼈을 것이다. 다 죽어 가는 병자의 몸은 바퀴 두 개 달린 수레에 던져진다. 동료 수감자가 그 수레를 끌고 종종 눈보라가 몰아치는 길을 몇 마일이나 걸어서 다른 수용소로 옮긴다. 만약 병자 중 한

명이 수레가 떠나기 전에 죽더라도 마찬가지로 수레에 던져진다. 리스트에 올린 번호와 맞아야 하기 때문이다. 중요한 것은 번호뿐이다. 오로지 죄수 번호를 가지고 있을 때만 그 사람이 의미 있다. 사람은 글자 그대로 번호가 됐다. 그 사람이 죽었는지 살았는지는 중요하지 않았다. 그 '번호'의 생명은 철저하게 무시된다. 그 번호 이면에 있는 것, 즉 그의 삶은 그렇게 더 중요하지 않았다. 그의 운명과 그가 살아온 내력 그리고 그의 이름은 아무것도 아니었다.

내가 의사로서 바이에른의 수용소에서 다른 수용소로 환자를 호송할 때 동행한 적이 있었다. 호송되는 환자 중에 젊은이가 있었는데, 그의 형이 호송자 명단에 들지 못하고 남겨졌다. 그러자 젊은이는 수용소 관리인에게 아주 오랫동안 간청했고, 관리인은 마침 수용소에 그대로 남기를 원하는 사람과 그의 형을 바꾸기로 했다. 물론 리스트가 정확하게 맞아야 했지만, 그것은 아주 간단한 일이었다. 형의 번호와 남아 있는 사람의 번호를 바꾸면 그만이었다.

앞에서도 얘기했듯이 당시 우리에게는 아무런 문서도 없었다. 모든 사람이 아직 숨 쉬는 자기 몸을 가지고 있다는 것만으로도 다행이었다. 호송을 맡은 사람들의 관심은 환자가 지닌 유일한 소유물, 즉 끔찍한 해골 위에 씌워 놓은 넝마뿐이었다. 뻔뻔한 호기심으로 호송되는 '회교도'의 외투나 신발이 자기 것보다 좋은 것인지를 살폈다. 결국 그들의 운명은 이미 정해져 있었기 때문이다.

수용소에 살아남은 사람들, 여전히 일할 능력이 있는 사람들은 살아남을 가능성을 높이는 데 온갖 수단을 써야만 했다. 절대로 감상에 빠지는 일이 없었다. 자신의 목숨이 전적으로 감시병들의 기분(운명의 노리개라고나 할까?)에 달려 있다는 것을 알고 있었으며, 이것이 그들을 환경이 강요하는 것보다 훨씬 더 비인간적으로 만들었다.

운명의 장난

아우슈비츠에 있을 때 나는 나를 위한 하나의 규칙을 만들었는데, 이것이 좋다는 사실이 입증되자 내 동료들도 모두 이 규칙에 따랐다. 나는 대체로 모든 종류의 질문에 성실하게 대답하는 편이었다. 하지만 명확하지 않은 질문에는 침묵을 지켰다. 만약 누군가 내 나이를 물으면 나는 나이를 가르쳐 주었다. 하지만 내 직업을 물었을 때는 다른 수식어를 붙이지 않고 그냥 '의사'라고만 대답했다.

아우슈비츠에서 처음 아침을 맞았을 때, 친위대 장교 한 사람이 점호장에 나타났다. 우리는 몇 개의 그룹으로 나누어졌다. 마흔 살 이하, 마흔 살 이상, 정신노동자, 기계공 등등 이런 식이었다. 그다음 우리는 탈장 검사를 받았고, 그 결과 새로운 그룹이 형성됐다. 내가 속해 있던 그룹은 다른 막사로 가게 됐다. 그곳에서 우리는 줄을 섰고, 다시 내 나이와 직업을 물었다. 나는 또 다른 작은 그룹으로 보내졌다. 다시 한번 다른 막사로 보내졌으며, 거기서 또 다른 그룹이 만들어졌다. 이런 과정이 몇 번 반복됐으며, 나는 기분이 아주 나빠졌다. 알아들을 수 없는 외국 말을 사용하는 이상한 사람들 그룹에 속하게 됐기 때문이다. 그런 다음 마지막 선별 작업이 다시 진행됐다. 나는 처음 막사에서 속했던 바로 그 그룹으로 돌아왔다. 그들은 내가 이 막사에서 저 막사로 옮겨 다녔다는 것을 거의 눈치채지 못하고 있었다. 그러나 나는 알고 있었다. 바로 그 몇 분 동안 여러 형태의 운명이 나를 스쳐 지나갔다는 것을.

병든 사람을 '요양소'로 호송할 때 내 이름(즉 내 번호)이 리스트에 올라갔다. 의사가 몇 명 필요했기 때문이다. 그러나 목적지가 요양소라고 믿는 사람은 아무도 없었다. 그로부터 몇 주 전 비슷한 호송 계획이 있었는데, 그때도 역시 사람들은 호송되는 환자들이 모두 가스실로 갈 것이라고 확신했다. 자원해서 야간작업반에 간다면 호송자 명단에서 빼 주겠다고 발표하자 순식간에 82명이 자원했다. 그로부터 15분 후, 환자 호송 계획이 취소됐지만, 82명은 야간작업반 리스트에 그대로 남아 있었다. 환자 대다수에게 야간작업을 한다는 것은 곧 2주 안에 죽는다는 것을 의미했다.

다시 두 번째로 환자 호송 계획이 세워졌다. 하지만 이때는 이 계획이 환자들의 남은 노동력을(비록 14일 동안이지만) 쥐어짜려는 것인지 아니면 가스실로 데려가려는 것인지 아니면 정말로 요양소로 가는 것인지 아무도 아는 사람이 없었다. 그날 저녁 10시가 되기 15분 전, 평소 나에게 호감이 있던 주치의가 다가오더니 넌지시 이렇게 말했다.

"내가 당직실에 잘 얘기해 두었소. 당신을 리스트에서 빼도록 했으니 10시까지 당직실로 가 보시오."

나는 그에게 이것은 내 길이 아니라고, 운명이 정해 놓은 길로 가야 한다는 것을 배웠다고 말했다.

"나는 친구들 곁에 있는 것이 더 좋습니다."

이렇게 말했다. 그러자 그의 눈이 연민의 빛을 띠었다. 마치 내 운명을 알고 있기나 하는 것처럼. 그는 말없이 나에게 악수를 청했다. 삶을 위한 악수가 아니라 삶과 작별하는 악수였다. 나는 천천히 걸어서 막사로 돌아왔다. 막사에는 친한 친구가 나를 기다리고 있었다.

"자네 정말로 그 사람들과 함께 가기를 원하나?"

그가 슬픈 표정으로 물었다.

"그렇다네. 나는 갈 거야."

그러자 그의 눈에서 눈물이 흘러나왔다. 나는 그를 진정시키려고 애썼다. 그런 다음 할 일이 있었다. 유언을 하는 것이었다.

"잘 듣게, 오토. 만약 내가 집으로 돌아가지 못하고, 자네가 내 아내를 다시 만나게 된다면 그녀에게 이렇게 전해 주게. 내가 매일, 매시간 그녀와 대화를 나누었다고. 잘 기억하게. 두 번째로 내가 누구보다 그녀를 사랑했다고. 세 번째로 그녀와 함께했던 짧은 결혼 생활이 이 세상의 모든 것, 심지어는 여기서 겪었던 그 모든 일보다 나에게 소중한 의미였다고 전해 주게."

오토. 자네는 지금 어디에 있나? 아직 살아 있나? 우리가 마지막 시간을 함께 보낸 뒤 자네에게 무슨 일이 일어났나? 자네 아내를 다시 만났나? 그리고 기억하나? 자네가 어린아이처럼 눈물을 흘리는 동안에도 내가 자네에게 내 유언을 한마디 한마디 외우게 했던 것을.

테헤란에서의 죽음

이튿날 아침, 나는 호송자들과 함께 그곳을 떠났다. 이번에는 속임수가 아니었다. 가스실로 가는 것이 아니라 정말 요양소로 가는 것이었다. 나를 불쌍하게 생각했던 사람들은 우리가 새로 들어간 수용소보다 훨씬 혹독한 기근에 시달렸던 그 수용소에 그대로 남아 있었다. 그들은 자기 자신을 구하고자 발버둥 쳤지만, 결국 정해진 운명을 확인하는 데 그쳤을 뿐이다.

그로부터 몇 달이 지나 해방되고 나서, 나는 그전 수용소에 있던 한 친구를 만났다. 수용소 보안원이었던 그는 시체 더미에서 없어진 인육 조각을 어떻게 찾아냈는지 말해 주었다. 요리 중인 냄비 안에서 찾아내 압수했다는 것이다. 기아에 시달린 나머지 인육을 먹는 사태까지 발생했던 모양이다. 내가 때맞추어 그 수용소를 잘 떠난 셈이다.

'테헤란에서의 죽음'이라는 이야기를 연상시키지 않는가? 돈 많고 권력 있는 페르시아 사람이 어느 날 하인과 함께 자기 정원을 산책하고 있었다. 그런데 하인이 갑자기 비명을 지르면서 방금 죽음의 신을 보았다고 했다. 죽음의 신이 자기를 데려가겠다고 위협했다는 것이다. 하인은 주인에게 가장 빨리 달리는 말을 빌려 달라고 애원했다. 그 말을 타고 오늘 밤 안으로 갈 수 있는 테헤란으로 도망치겠다는 것이었다. 주인은 승낙했다.

하인은 허겁지겁 말을 타고 떠났고, 주인은 발길을 돌려 집 안으로 들어갔다. 그런데 이번에는 그가 죽음의 신과 마주쳤다. 그러자 주인이 죽음의 신에게 물었다.

"왜 그대는 내 하인을 겁주고 위협했는가?"

그러자 죽음의 신이 대답했다.

"위협하지 않았습니다. 다만 오늘 밤 그를 테헤란에서 만나기로 계획을 세웠는데, 그가 아직 여기 있는 것을 보고 놀라웠을 뿐이지요."

운명을 가르는 결정

수용소에 있는 사람들은 결정을 내리거나 어떤 일에 앞장서는 것을 두려워했다. 운명이 자기를 지배한다고 강하게 생각했기 때문이다. 그래서 사람들은 어떤 방식으로든 운명에 영향을 주는 일을 피했고, 대신 운명이 자기에게 정해진 길을 가도록 한다고 생각했다. 게다가 심각한 무감각 현상이 팽배해 있었다. 무감각은 수감자의 감정에서 적지 않은 비중을 차지했다.

때로는 확실하게 결정을 내려야 할 때도 있었다. 그것은 생사를 가르는 결정이었다. 하지만 사람들은 운명이 자신을 대신해 결정해 주기를 원했다. 이렇게 회피하는 태도는 수감자가 수용소에서 탈출할 것인가 아니면 말 것인가를 결정해야 하는 순간에 가장 극명하게 드러난다. 결정을 내려야 하는 그 몇 분 동안(이런 문제는 항상 몇 분 안에 결정을 내려야 한다) 그는 지옥의 고문과 같은 고통을 겪는다. 탈출해야 할까? 그런 위험을 감수해야 할까?

나 역시 이와 비슷한 고통을 경험한 적이 있었다. 전선이 우리 수용소에 가까워지자, 탈출을 시도할 기회가 찾아왔다. 수용소에는 의사 출신 동료가 있었다. 그는 수용소 밖의 막사에 진료를 가야 했는데, 그가 탈출을 시도하면서 나에게도 함께 가자고 했다. 환자의 증세에 전문의의 진료가 필요하다는 구실을 대며 나를 수용소 밖으로 데려간 것이다. 수용소 밖에서는 외국 레지스탕스 운동가가 기다리고 있다가 우리에게 제복과 문서를 주기로 했다. 하지만 마지막 순간에 기술적인 문제가 생겨서 다시 수용소로 돌아가야 했다. 그래서 우리는 그 기회를 이용해 썩은 감자 몇 알을 식량으로 챙기고, 배낭을 찾았다.

우리는 여자 수용소에 있는 막사로 뛰어 들어갔다. 여자들이 다른 수용소로 옮겨 갔기 때문에 텅 비어 있었다. 막사 안은 무질서 그 자체였다. 많은 여자들이 보급품을 받은 다음 서둘러 떠난 것이 분명했다. 넝마 옷, 지푸라기, 상한 음식, 깨진 질그릇들이 어지럽게 널려 있었다. 어떤 그릇은 상태가 좋아서 꽤 쓸모 있어 보였지만, 가져가지 않기로 했다. 나중에 들은 얘기인데 당시 여자 수용소에서는 상황이 나빠지자 그릇을 식기로는 물론, 세면대와 변기로도 사용했다고 한다(수용소에서는 막사에 어떤 그릇도 갖고 들어가서는 안 된다는 엄한 규율이 있었다. 하지만 어쩔 수 없이 이 규율을 어겨야 하는 사람들이 있었다. 특히 발진 티푸스 환자처럼 몸이 너무 쇠약해 도움을 받아도 밖에 나가기 힘든 사람들이 그랬다).

내가 망을 보는 동안 친구가 막사로 들어갔다. 곧이어 그가 외투 속에 배낭을 숨겨서 나왔다. 그는 막사 안에 다른 배낭이 있다고 했고, 그것은 내가 가져오기로 했다. 그래서 이번에는 역할을 바꾸어 내가 안으로 들어갔다. 나는 쓰레기더미를 뒤져서 배낭은 물론, 칫솔까지 찾아내는 횡재를 얻었다. 그런데 그때 남겨진 쓰레기더미 속에서 여자 시신이 눈에 띄었다.

이어서 내 막사로 뛰어 들어가 소지품을 모두 챙겼다. 밥그릇과 죽은 발진 티푸스 환자에게 '상속받은' 낡은 벙어리장갑 한 켤레, 속기 부호가 쓰인 종이 몇 장(이미 얘기했던 것처럼 나는 아우슈비츠에서 잃어버린 원고를 다시 쓰기 시작했다)이 내 소지품이었다.

나는 마지막 회진을 빨리 끝냈다. 환자들은 막사 양쪽에 깔아 놓은 널빤지에 몸을 웅크리고 누워 있었다. 나는 환자 중 유일하게 나와 같은 고향 출신인 사람에게 다가갔다. 그는 거의 죽어 가고 있었다. 하지만 이런 심각한 상태에도 그를 정말로 살리고 싶었다. 나는 탈출하려는 생각을 숨겨야 했지만, 내 친구는 무언가 잘못됐다는 것을 눈치챈 것 같았다(어쩌면 내가 약간 초조한 기색을 보였는지도 모른다). 그는 다 죽어 가는 목소리로 나에게 물었다.

"선생님도 나갈 건가요?"

나는 부인했지만, 그의 슬픈 눈초리를 피하기가 힘들었다. 회진이 끝나고 나서 나는 다시 그에게 갔다. 그는 절망적인 눈빛으로 나를 맞았다. 어쩌면 나를 비난하고 있는 것 같기도 했다. 내가 친구에게 함께 탈출하겠다고 말하는 순간 나를 엄습했던 불편한 감정이 점점 더 심해졌다. 갑자기 운명을 내 손으로 잡겠다고 결심했다.

막사 밖으로 뛰어나가 친구에게 함께 탈출할 수 없다고 말했다. 결연한 태도로 환자 곁에 남겠다고 친구에게 말하자마자 그 불편했던 감정이 사라졌다. 앞으로 어떤 일이 벌어질지 알 수 없었지만, 그전까지 경험해 보지 못했던 내적인 평화를 얻을 수 있었다. 나는 막사로 돌아가 고향 친구의 발끝에 앉아서 그를 안심시키려고 애썼다. 그리고 고열에 시달리는 환자들을 편안하게 해 주려고 노력하면서 다른 사람들과 잡담을 나누었다.

수용소에서의 마지막 날

수용소에서의 마지막 날이 됐다. 전선이 점점 다가오고 있었기 때문에 모든 수감자를 다른 수용소로 옮기는 대규모 수송 작전이 진행됐다. 수용소 당직자와 카포, 요리사들은 모두 도망갔다. 이날 해질 때까지 수용소를 완전히 비워야 한다는 명령이 내려졌다. 잔류해 있던 몇 명의 사람들(환자와 의사 몇 명 그리고 '간호사'들)까지도 모두 떠나야 한다는 것이다. 밤이 되면 수용소에 불을 지르게 되어 있었다.

오후가 됐는데도 환자를 실어 나르기로 한 트럭이 오지

않았다. 그 대신 갑자기 수용소 문이 닫히고, 아무도 도망칠 수 없도록 철조망을 감시했다. 남아 있는 사람들은 수용소와 함께 불태워질 운명에 처한 것처럼 보였다. 내 친구와 나는 두 번째로 탈출 계획을 세웠다.

우리는 철조망 담장 밖에 시신 세 구를 묻으라는 명령을 받았다. 수용소에 있는 사람 중에서 우리 둘만 이 일을 할 만한 기력이 있었기 때문이다. 나머지 사람들은 대부분 막사에 누운 채 고열과 정신 착란에 시달리고 있었다. 우리는 계획을 세웠다. 첫 번째 시신을 운반할 때 관으로 사용하는 낡은 세탁통에 친구의 배낭을 숨겨 나오기로 했다. 두 번째 시신을 옮길 때 내 배낭을 가지고 나오기로 했다. 그리고 세 번째 시신을 옮길 때 탈출하자는 것이었다. 처음 두 번은 계획대로 진행됐다.

막사로 다시 돌아온 나는 숲에서 지낼 며칠간 먹을 빵을 구하러 간 친구를 기다렸다. 몇 분이 지났다. 그가 돌아오지 않자 점점 더 조바심이 났다. 무려 3년을 갇혀 지내다가 이제야 자유를 머릿속에 그리며 기뻐할 수 있게 됐다. 전선을 향해서 내달리는 것이 얼마나 멋진 일인가를 상상하면서. 그러나 우리 계획은 성공하지 못했다.

친구가 돌아온 바로 그 순간 수용소 문이 활짝 열렸다. 적십자 마크가 그려진 번쩍번쩍하는 알루미늄 차가 천천히 점호장 안으로 굴러 들어왔다. 제네바에 있는 국제적십자사 대표가 도착한 것이다. 수용소와 수감자들은 그의 보호를 받게 됐다. 대표는 언제 일어날지 모르는 비상사태에 대비해 수용소 가까이에 있는 농가에 숙소를 정했다. 이런 상황에서 누가 탈출을 걱정하겠는가? 차에서 약상자가 내려졌고, 담배를 나누어 주었으며, 우리는 사진도 찍혔다. 기쁨이 최고조에 달했다. 이제는 전선을 향해 달려가는 위험한 일을 할 필요가 없었다.

너무 들떠 있던 나머지 세 번째 시신을 깜빡 잊고 있었다. 그래서 시신을 밖으로 옮겨 파 놓은 좁은 무덤에 밀어 넣었다. 우리와 동행한 감시병은 비교적 고약하지 않은 사람이었지만, 갑자기 아주 온순해졌다. 그는 정세가 뒤바뀐 것을 알고, 우리의 호감을 사려고 애를 썼다. 시신을 흙으로 덮기 전에 죽은 사람을 위해 기도를 올리자는 우리 제안에 따라 그도 함께 기도했다. 오랜 시간을 긴장과 흥분 속에서 보낸 후, 동료 주검 앞에서 올리는 평화를 갈구하는 우리 기도는 그 동안 인간의 목소리로 올렸던 그 어떤 기도보다 뜨거웠다.

엇갈린 운명

그렇게 수용소에서의 마지막 날은 자유에 대한 기대 속에 지나갔다. 하지만 너무 일찍 샴페인을 터트린 것일까. 국제적십자사 대표는 협정이 조인됐으며, 수용소를 비우지 않아도 된다고 우리에게 확언했다. 그러나 그날 밤 나치 대원들이 트럭을 타고 와서 수용소를 비우라는 명령을 전달했다. 마지막으로 남은 수감자는 중앙 수용소로 이송되고, 그곳에서 48시간 안에 스위스로 보내져 다른 전쟁 포로들과 교환될 것이었다. 우리는 나치 대원들을 거의 알아보지 못할 정도였다. 너무나 친절했기 때문이다. 그들은 망설이지 말고 트럭에 타라고 우리를 설득하면서, 이런 행운을 얻게 된 것에 감사해야 한다고 말했다. 건강한 사람들은 트럭 안으로 밀고 들어가고, 심하게 아프거나 약한 사람들은 조심스럽게 들어 올려졌다.

내 친구와 나는(이제는 더 이상 배낭을 숨길 필요가 없었다) 마지막 그룹에 속해 있었다. 이 그룹에서 열세 명을 뽑아 끝에서 두 번째로 오는 트럭에 태우기로 되어 있었다. 트럭이 도착하자 주치의가 열세 사람의 이름을 불렀다. 그런데 우리 둘의 이름이 빠져 있었다. 뽑힌 열세 사람은 트럭에 올라타고 우리 둘은 뒤에 남았다. 놀라고 화가 나고 실망해서 주치의에게 따졌다. 그는 너무 피곤하고 정신이 없어서 그랬노라고 변명하면서, 우리가 아직도 탈출을 기도하는 줄 알았다는 말을 덧붙였다.

할 수 없이 초조한 마음으로 등 뒤에 배낭을 지고 다른 사람들과 함께 마지막 트럭이 오기를 기다렸다. 이번에는 아주 오래 기다려야 했다. 그러다가 초소에 있던 매트리스 위에 누웠다. 지난 몇 시간, 며칠 동안의 흥분으로 완전히 기진맥진한 상태였다. 그동안 우리는 희망과 절망 사이를 끊임없이 오르내렸다. 그러다가 여행에 대비해 입은 옷과 신발 그대로 매트리스 위에서 잠이 들고 말았다.

얼마를 잤을까. 시끄러운 대포 소리와 총소리에 잠이 깼다. 예광탄이 터지고 막사 안으로 총알이 날아들었다. 주치의가 뛰어 들어오더니 바닥에 엎드리라고 했다. 위쪽 침대에 있던 사람이 신발을 신은 채 내 배 위로 뛰어내렸다. 그 덕분에 나는 잠에서 완전히 깰 수 있었다. 그다음에 우리는 무슨 일이 일어났는지 알게 됐다. 전선이 코앞에까지 온 것이다. 드디어 총격이 잦아들고 아침이 밝았다. 수용소 문 깃대에서 하얀 깃발이 바람에 나부끼고 있었다.

그로부터 여러 주가 지난 후, 마지막 순간에도 운명의 신이 우리를 우롱했다는 사실을 알게 됐다. 우리는 인간의 결정이 얼마나 불확실한 것인가를 깨달았다. 그것이 특히 생사와 관련된 문제일 때는 더욱 그렇다.

나는 우리 수용소에서 그다지 멀지 않은 곳에 있는 작은 수용소에서 찍은 사진들을 보았다. 그날 밤 자유를 향해 간다고 믿었던 친구들은 트럭에 실려 그 수용소로 이송됐다. 그리고 그곳에서 막사 안에 갇힌 채 불에 타 죽었다. 사진으로도 군데군데 불에 탄 동료들의 시신을 알아볼 수 있었다. 그때 나는 또다시 '테헤란에서의 죽음'을 떠올렸다.

무감각의 원인

수감자들의 무감각은 일종의 방어 기제였을 뿐만 아니라, 다른 요인에 의한 결과이기도 했다. 굶주림과 수면 부족(이것은 정상적인 생활을 하는 사람도 마찬가지이다)이 무감각 상태로 그들을 이끌었으며, 수감자들이 느끼는 초조함에도 영향을 주었다. 수면 부족은 밤새 이와 벼룩 등에 시달렸기 때문이다. 전반적으로 보건 시설과 위생 시설이 형편없었기 때문에 사람들로 꽉 찬 막사 안에서 이와 벼룩이 무섭게 퍼져 나갔다.

니코틴과 카페인 부족도 무감각과 초조함의 원인이었다.

육체적인 요인 외에 정신적인 요인도 있었는데, 그것은 복합적인 형태를 띠고 있었다. 수감자 대부분은 열등의식에 시달렸다. 우리에게는 모두 과거에 '대단한 사람'이었거나 혹은 스스로 '대단한 사람'이었다는 환상이 있었다. 그런데 지금은 하찮은 존재로 취급되고 있다(한 사람의 내적 가치에 대한 의식은 더 차원이 높고 정신적인 곳에 자리하고 있어, 수용소 생활로는 흔들 수 없다. 하지만 수감자는 차치하고라도 얼마나 많은 사람에게 이런 의식이 있을까?). 일반적인 수감자들은 무의식적으로 스스로 계층이 하락했다고 느꼈다.

이런 현상은 수용소라는 사회 구조를 관찰하면 확실하게 알 수 있다. 다른 수감자보다 '우월한' 수감자, 카포, 요리사, 군수 창고 관리인, 보안대원은 대다수 사람과는 달리 계층이 하락했다고 생각하지 않는다. 반대로 상승했다고 생각한다! 그중 몇몇은 약간의 과대망상 증세까지 보였다. 혜택받는 사람들에게 질투와 불평을 하는 대다수는 몇 가지 방식으로 이를 표현하는데, 때로는 농담의 형태를 띠기도 했다. 예를 들어 한번은 어떤 사람이 한 카포에 대해 이렇게 얘기하는 것을 들은 적이 있다.

"상상해 봐! 내가 알기에 저 사람은 전에 큰 은행 총재였

거든. 그런데 지금 저렇게 높은 자리에 올랐으니 얼마나 출세한 거야!"

계층이 하락한 대다수 사람과 계층이 상승한 소수 사람이 부딪히면(수용소에서는 음식을 나누어 주는 문제부터 시작해 이런 일이 벌어질 때가 아주 많았다) 그 결과는 가히 폭발적이었다. 일반적인 초조함(육체적인 요인은 앞에서 이미 얘기했다)에 이런 정신적 긴장이 가중되면 그 강도가 최고조에 달했고, 종종 싸움으로 이어지는 것은 그다지 놀라운 일이 아니다. 수감자들은 그동안 끊임없이 구타 장면을 목격했기 때문에 마음속에서 스스로 폭력을 행사하고 싶은 충동이 커진다. 나 자신만 보더라도 배고프고 피곤한 상태에서 화가 나면 저절로 주먹을 불끈 쥐게 되는 때가 많았다.

나는 언제나 극도로 피곤했다. 밤새도록 화로에 불(수용소에서는 발진 티푸스 환자를 위해 막사 안에 불을 피우는 것을 허락했다)을 지펴야 했기 때문이다. 그러나 내가 살아오면서 보낸 가장 목가적이었던 시간 중 일부는 다른 사람들이 모두 헛소리를 하거나 잠을 자는 한밤중이었다. 나는 난로 앞에 몸을 쭉 뻗고 누워서는 슬쩍해 온 감자 몇 알을 역시 훔쳐 온 숯불에 구워 먹었다. 그러나 그다음 날에는 한층 더 피곤하고, 감각이 둔해지고, 초조해졌다.

발진 티푸스 환자 막사에서 의사로 일할 때, 나는 병으로 쓰러진 고참 관리인 대신 그가 하던 일을 맡았다. 따라서 나에게는 막사를 항상 청결(그런 상황에서도 청결할 수 있다면)하게 해야 할 책임이 있었다. 막사에서 수시로 받는 검열은 위생을 위한 것이라기보다는 수감자를 괴롭히려는 것이었다. 환자에게 음식이나 약 몇 알을 더 주는 것이 도움이 되련만, 검열관은 복도 중간에 지푸라기가 떨어져 있지 않은지, 이가 득실거리는 더럽고 다 떨어진 담요가 환자 발밑에 곱게 개어져 있는지에만 관심을 두었다. 수감자들의 운명? 그런 것 따위는 안중에도 없었다.

내가 빡빡 깎은 머리에서 모자를 잽싸게 벗는 것과 동시에 발뒤꿈치로 찰카닥하는 소리를 내면서 "막사 번호 VI/9, 환자 52명, 간호사 2명, 의사 1명, 이상 없음."이라고 보고하면, 그들은 그걸로 만족하며 막사를 떠났다. 그러나 그들이 오기 전까지는(온다고 한 시간보다 몇 시간씩 늦게 오거나 아예 안 올 때도 있었다) 담요를 정리하고, 침상에 떨어진 지푸라기를 줍고, 침상에 누워 몸부림을 치는 바람에 애써서 깨끗하게 해 놓은 것을 엉망으로 만드는 불쌍한 녀석들에게 소리를 질러 대야만 했다.

고열에 시달리는 환자는 무감각 증세가 더욱 심하게 나

타났다. 고함을 지르지 않으면, 반응도 하지 않았다. 때로는 이것조차 효과가 없었다. 그럴 때면 나는 그들을 때리지 않으려고 엄청난 자제력을 발휘해야 했다. 다른 사람이 무감각한 것을 보면, 특히 그 때문에 위험한 상황(예를 들어 검열이 임박한 상황)에 빠지게 되면 걷잡을 수 없이 화가 치밀어 오르기 때문이다.

인간의 정신적 자유

강제 수용소 수감자의 전형적인 심리적 특징에 관한 문제를 정신 의학적인 측면에서 소개하고, 정신 병리학적으로 설명하는 과정을 거치면서 독자들은 인간이 철저하게 그리고 필연적으로 주변 환경의 영향을 받는 존재라고 생각하게 됐을 것이다(여기서 주변 환경이란 수용소의 특수한 구조로, 수감자에게 일정한 유형의 행동을 강요한다).

하지만 인간의 자유는 어떤가? 어떤 주어진 환경에 대한 행동과 반응에 정신적 자유도 없단 말인가? 우리가 믿고 있는 이론, 즉 인간은 여러 조건과 환경적인 요인(생물적, 심리적, 사회적 성격으로 이루어진)이 만들어 낸 단순한 피조물에 지나지 않는다는 이론이 정말로 사실일까? 인간은 이런 여러 요소가 우연히 만든 존재에 지나지 않을까? 무엇보다 중요한 것은 강제 수용소라는 특별한 상황에서 수감자들이 보인 반응이 '인간은 주변 환경의 영향을 피할 수 없다'라는 이론을 입증할 수 있을까이다. 그런 환경에 직면한 인간에게는 자기 행동을 선택할 자유가 없단 말인가?

우리는 이 질문에 대해 이론적으로뿐만 아니라 경험을 통해서도 해답을 내릴 수 있다. 수용소 생활의 경험으로 사람에게 자기 행동의 선택권이 있다는 것을 알았다. 무감각을 극복하고 초조함을 제압할 수 있다는 걸 입증해 주는, 그것도 종종 영웅적인 성격을 띤 사례가 충분히 있다. 가혹한 정신적, 육체적 스트레스를 받는 환경에서도 인간은 정신적 독립과 영적 자유를 '간직할 수' 있다는 것이다.

강제 수용소에 있었던 우리는 막사를 지나가면서 다른 사람을 위로하고 마지막 남은 빵을 나누어 주던 사람들이 있었다는 것을 기억하고 있다. 물론 그런 사람은 아주 극소수였는지도 모른다. 하지만 이것만으로도 다음과 같은 진리가 옳다는 것을 입증하기에 충분하다. 그 진리란 인간에게 모든 것을 빼앗아 갈 수 있어도 단 한 가지, 마지막 남은 인간의 자유, 주어진 환경에서 자신의 태도를 결정하고 자기 자신의 길을 선택할 수 있는 자유만은 빼앗아 갈 수 없다는 것이다.

수용소에서는 항상 선택해야 했다. 매일같이, 매시간 결정을 내려야 할 순간이 찾아왔다. 당신으로부터 자아와 내적인 자유를 빼앗아 가겠다고 위협하는 저 부당한 권력에 복종할 것인가 말 것인가를 판가름하는 결정이었다. 당신이 자유와 존엄성을 포기하고 환경의 노리개가 되어 보통 수감자처럼 변할 것인지 아닌지를 판가름하는 결정이었다.

이런 관점에서 볼 때, 강제 수용소 수감자들이 보이는 심리적 반응에는 물리적, 사회적 조건에 대한 단순한 표현 이상의 의미가 있다. 수면 부족과 식량 부족, 다양한 정신적 스트레스를 받는 환경은 수감자가 어떤 행동을 하도록 유도할 가능성이 있다. 그런데도 최종적으로 보면 수감자가 어떤 사람이 되었는가는 개인의 내적인 선택의 결과이지, 수용소라는 환경의 영향이 아니라는 사실이 분명해진다. 근본적으로는 어떤 사람도, 심지어는 그렇게 척박한 환경에 있는 사람도 자기 자신이 정신적으로나 영적으로 어떤 사람이 될 것인가를 선택할 수 있다는 말이다. 강제 수용소에서도 인간으로서의 존엄성을 지킬 수 있다. 도스토옙스키가 이런 말을 했다.

> 내가 세상에서 한 가지 두려워하는 것이 있다면 그것은 내 고통이 가치 없는 게 되는 것이다.

수용소에서 남을 위해 희생한 사람 몇몇과 친해진 후, 나는 도스토엡스키의 이 말을 자주 머릿속에 떠올렸다. 수용소에서 그들이 했던 행동, 그들이 겪었던 시련과 죽음은 마지막 남은 내면의 자유를 결코 빼앗을 수 없다는 사실을 증언해 준다. 그들의 시련은 가치 있는 것이었고, 그들이 고통을 참고 견뎌 낸 것은 순수한 내적 성취의 결과라고 할 수 있다. 삶을 의미 있고 목적 있는 것으로 만드는 것. 이것이 바로 빼앗기지 않는 영혼의 자유이다.

시련의 의미

적극적인 삶은 인간에게 창조적인 일을 통해 가치를 실현할 기회를 주는 데 목적이 있다. 반면 즐거움을 추구하는 소극적인 삶은 인간에게 아름다움과 예술, 혹은 자연을 체험함으로써 충족감을 얻을 기회를 준다. 그러나 창조와 즐거움이 거의 메말라 있는 삶에도 목적은 있다. 외부의 힘에

맞서 자신의 태도를 선택할 수 있는 지고의 도덕성을 요구하는 삶에도 목적이 있다. 창조적인 삶과 즐거움을 누리는 삶은 금지되어 있다. 그러나 창조와 즐거움만이 의미가 있는 것이 아니다. 만약 그곳에 삶의 의미가 있다면, 그것은 시련이 주는 의미일 것이다. 시련은 운명과 죽음처럼 삶에서 빼놓을 수 없는 한 부분이다. 시련과 죽음 없이 인간의 삶은 완성될 수 없다.

사람이 자기 운명과 그에 따르는 시련을 받아들이는 과정, 다시 말해 십자가를 짊어지고 나아가는 과정은 삶에 더 깊은 의미를 부여할 폭넓은 기회를, 심지어 가장 어려운 상황에서도 제공한다. 그 삶은 용감하고, 품위 있고, 헌신적인 것이 될 수 있다. 아니면 반대로 자기 보존을 위한 치열한 싸움에서 인간으로서의 존엄성을 잃고 동물과 같은 존재가 될 수도 있다. 힘든 상황이 선물로 주는 도덕적 가치를 획득할 기회를 잡을 것인가 말 것인가를 결정하는 선택권이 인간에게 주어져 있다. 이 결정은 자기 시련을 가치 있는 것으로 만드느냐 아니냐를 판가름하는 결정이기도 하다.

이런 생각이 비현실적이고 현실과 동떨어져 있다고 생각하지 않기를 바란다. 물론 지고한 도덕적 수준에 도달할 수 있는 사람은 아주 극소수에 불과하다. 수감자 중에서도 몇

몇만이 내면의 충만한 자유를 지키고 시련을 견뎌 가치를 얻었다. 하지만 그러한 사례 하나만으로도 인간이 지닌 내면의 힘이 외적인 운명을 초월해 자기 존재를 높인다는 사실을 입증하기에 충분하다. 그런 사람들이 비단 강제 수용소에만 있는 것은 아니다. 인간은 어디에서나 운명과 시련을 통해 무엇인가를 성취할 기회와 만난다.

병든 사람, 특히 치료가 불가능한 환자를 생각해 보자. 언젠가 병에 걸린 젊은이가 쓴 편지를 읽은 적이 있다. 편지에서 그는 친구에게 자기가 오래 살지 못할 것이라는 사실을 막 알게 됐고, 수술도 별 도움이 되지 않는 상황이라고 말했다. 그러면서 젊은이는 언젠가 자기가 본 영화 이야기를 했다. 죽음을 눈앞에 둔 사람이 아주 용감하고 품위 있게 죽음을 기다리는 과정을 생생하게 그린 영화였는데, 그 영화를 보면서 죽음을 의연하게 맞는 것이 인간으로서 참 위대한 성취라고 생각했다는 것이다. 그러면서 그는 이렇게 썼다. 이제 운명이 자기에게 그와 똑같은 기회를 주었다고.

톨스토이의 소설을 각색한 영화 〈부활〉을 본 사람이라면 비슷한 생각을 할 것이다. 거기에는 위대한 운명과 위대한 사람이 있었다. 하지만 당시 우리에게는 그런 위대한 운명도, 위대함을 성취할 만한 기회도 없었다.

영화가 끝난 후 우리는 근처 카페로 갔다. 커피 한 잔에 샌드위치를 먹으면서 잠깐 머리를 스치고 지나갔던 기이하게 형이상학적인 생각을 잊어버리고 말았다. 그러나 훗날 우리가 위대한 운명과 직접 맞닥뜨리게 됐을 때, 그와 똑같은 영적인 위대함으로 마주할 것인지 결정해야 했을 때, 우리는 이미 오래전 젊은 시절의 결의를 잊어버렸다. 그래서 결국 실패하고 말았다.

어쩌면 우리 중 몇몇은 똑같은 영화를 다시 보았거나 아니면 그와 비슷한 영화를 보았을지도 모른다. 하지만 그때는 영화를 보는 내면의 눈에 또 다른 영상이 동시에 펼쳐졌을 것이다. 감상적인 영화가 보여 줄 수 있는 것보다 훨씬 많은 것을 보여 주는 사람들의 이야기 말이다.

그런 영화를 보면서 영혼의 위대함을 보여 준 어떤 사람을 떠올릴 수도 있다. 강제 수용소에서 내가 직접 목격했던 한 젊은 여성의 죽음처럼 말이다. 이야기는 간단하다. 이야기할 것이 너무 없어서 마치 내가 지어 낸 것같이 들릴 수도 있다. 하지만 나는 이 이야기가 마치 한 편의 시처럼 느껴진다.

젊은 여자는 자기가 며칠 안에 죽을 것이라는 사실을 알고 있었다. 그런데도 내가 그녀에게 말을 걸었을 때, 그녀는 아주 명랑했다.

"나는 운명이 나에게 이렇게 엄청난 타격을 준 것에 감사하고 있어요."

그녀가 나에게 말했다.

"그전에 나는 제멋대로였고, 정신적인 성취 같은 걸 진지하게 생각해 본 적이 없었거든요."

그녀는 창밖을 가리키며 이렇게 말했다.

"여기 있는 나무가 내 외로움을 달래 주는 유일한 친구랍니다."

창문 너머로 볼 수 있는 것이라고는 밤나무 가지 하나와 그 위에 피어 있는 꽃 두 송이였다.

"저 나무와 자주 이야기를 나누죠."

그녀가 나에게 말했다. 나는 한순간 어리둥절했다. 그녀의 말을 어떻게 받아들여야 할지 몰랐기 때문이다. 헛소리하는 것일까? 환각에 빠졌나? 나는 걱정스러운 표정으로 그녀에게 나무가 대답도 하는지 물었다.

"물론이지요."

나무가 그녀에게 뭐라고 대답했을까? 그녀는 말했다.

"나무가 이렇게 대답해요. 내가 여기 있단다. 내가 여기 있단다. 나는 생명이야. 영원한 생명이야."

수감자의 내면 상태에 대한 최종 책임은 심리적, 육체적 요인에 있는 것이 아니라 자유의사에 따른 결정에 있다고 앞에서 말했다. 수감자들을 심리학적으로 관찰하면 내면세계가 간직하고 있는 도덕적, 정신적 자아가 무너지도록 내버려 둔 사람이 결국 수용소 안 타락한 권력의 희생자가 된다는 것을 알 수 있다. 그렇다면 이번에는 이런 질문이 제기된다. 무엇이 '내적 소유'를 이룰 수 있으며, 또 이루어야만 하는 것일까?

끝을 알 수 없는 일시적 삶

수용소에 있었던 사람들은 자기 경험을 글로 쓰거나 이야기할 때, 당시 가장 절망적이었던 것은 얼마나 오랫동안 수용소 생활을 해야 할지 알 수 없다는 점이었다는 데 동의한다. 우리는 언제 석방되는지를 몰랐다. 내가 있던 수용소에서는 그것에 관해 이야기하는 것조차 무의미하다고 생각했다. 실제로 수형 기간은 불확실했으며, 끝이 있는 것도 아니었다. 한 저명한 연구 전문 심리학자는 강제 수용소에서의 삶을 '일시적인 삶'이라고 부를 수 있다고 지적했다. 여기에 덧붙이자면 '끝을 알 수 없는 일시적인 삶'이라고 할 수 있을 것이다.

새로 수용소에 들어온 사람들은 수용소 환경에 대해서 아무것도 몰랐다. 다른 수용소로 갔다가 다시 돌아온 사람들은 입을 다물어야 했고, 어떤 수용소에서는 아무도 돌아오지 못했다. 수용소에 들어서면서 마음에 변화가 일어난다. 불확실성의 끝과 함께, 끝에 대한 불확실성이 뒤를 잇는다. 이런 형태의 삶이 끝날 것인지 말 것인지, 끝난다면 과연 언제 끝날 것인지 미리 예견하는 것이 불가능했다.

'*finis*'라는 라틴어에는 두 가지 의미가 있다. 하나는 끝 혹은 완성을, 다른 하나는 이루어야 할 목표를 의미한다. '일시적인 삶'이 언제 끝날지 알 수 없는 사람은 인생의 궁극적인 목표를 세울 수가 없다. 그는 정상적인 삶을 누리는 사람과는 정반대로 미래를 대비하는 삶을 포기한다. 따라서 내적인 삶의 구조 전체가 변한다. 우리가 알고 있는 삶의 다른 영역에서도 이와 비슷한 퇴행 현상을 볼 수 있다.

예를 들자면 실직자가 이와 비슷한 처지이다. 그의 삶 자체가 '일시적인 것'이기 때문에 어떤 의미에서는 미래를 대비할 수 없고, 목표를 세울 수도 없다. 실직한 광부를 연구한 보고서를 보면, 그들이 기이한 형태로 변형된 시간 감각(내면의 시간) 때문에 고통받는다고 한다. 이것은 실직이라는 특별한 상황에서 비롯된 것이다.

수감자 역시 기이한 '시간 감각'을 경험했다. 시시때때로 자행되는 폭력과 배고픔이 하루를 꽉 채우고 있는 수용소에서는 하루라는 작은 단위의 시간이 영원한 것처럼 느껴진다. 하지만 그보다 긴 단위의 시간, 예를 들자면 일주일은 아주 빠르게 지나간다. 내가 수용소에서는 하루가 일주일보다 더 길게 느껴진다고 얘기하자 동료들은 내 말에 동의했다. 우리의 시간 감각이 얼마나 역설적이었던가!

이와 관련해서는 토마스 만의 소설《마의 산》을 떠올릴 수 있다. 예리한 심리학적 관찰이 돋보이는 작품이다. 이 작품에서 토마스 만은 서로 비슷한 심리 상태에 놓여 있는 사람들, 즉 폐결핵에 걸려 요양소에서 언제 나가게 될지 모르는 환자들을 등장시켜 인간의 영적인 발달 단계를 얘기한다. 그들 역시 미래도, 삶의 목표도 없는 비슷한 삶을 경험한다.

수용소에서 나에게 이런 말을 한 동료가 있었다. 처음 이곳에 도착했을 때 역부터 수용소까지 길게 줄을 서서 행진했는데, 그게 마치 자신의 장례식 행렬같이 느껴졌다는 것이다. 그에게 삶은 전혀 미래가 없는 것이었다. 이미 죽기라도 한 것처럼 모든 것이 끝났다고 생각했다.

삶이 사라진 것 같은 이런 느낌은 다른 요인에 의해 더욱 심화된다. 갇혀 있어야 하는 기간이 정해져 있지 않고(수감자들이 가장 뼈저리게 느끼는 부분이다), 갇혀 있는 공간이 너무 협소하다는 것이 그 요인이다. 철조망 밖에 있는 것은 무엇이든 아주 멀리 떨어져 있고, 손이 닿을 수 없다. 그래서 비현실적으로 보인다. 밖에서 일어나는 일, 밖에 사는 사람들, 그곳에서 이루어지는 정상적인 삶은 수감자에게는 유령과 같았다. 만약 그가 바깥 세계를 볼 수 있다면, 마치 저세상에서 온 사람이 바라보는 이승처럼 비쳤을 것이다.

미래의 목표를 찾을 수 없어서 스스로 퇴행하는 사람들은 과거를 회상하는 일에 몰두한다. 앞서 다른 맥락에서 얘기했듯이, 수감자들에게는 공포로 가득 찬 현재를 덜 사실적인 것으로 만들려고 과거를 회상하려는 경향이 있다. 그러나 실제 존재하는 현실에서 현재를 박탈하는 행위에는 어떤 위험이 도사리고 있다. 사실 수용소에서도 긍정적인 무엇인가를 얻을 기회가 분명히 있다. 하지만 대부분은 그것이 기회인 줄 모르고 그냥 지나쳐 버린다. '일시적인 삶'을 비현실적인 것으로 간주하는 자체가 삶의 의지를 잃게 하는 중요한 요인이다. 모든 것이 무의미하게 느껴지기 때문이다.

그런 사람들은 이것이 단지 예외적으로 어려운 외형적 상황일 뿐이며, 이런 어려운 상황이 인간에게 정신적으로 자기 자신을 초월할 기회를 준다는 사실을 종종 잊어버린다. 수용소의 어려운 상황을 자기 정신력을 시험하기 위한 도구로 이용하지 않는다. 삶을 진지하게 생각하지 않고 아무런 성과도 없다며 경멸한다. 눈을 감고 과거 속에서 사는 것을 택한다. 그런 사람에게 삶은 의미 없는 것이 되었다.

물론 아주 극소수의 사람만이 이렇게 위대한 영적인 고지에 오를 수 있다. 하지만 몇몇 사람들은 세상일에서의 실패와 죽음을 통해서도 위대함을 성취할 기회를 갖는다. 평범한 환경에서는 절대로 도달할 수 없는 위대한 성취를 이루어 낸다.

평범하고 의욕 없는 사람들에게는 비스마르크의 이 말을 들려주면 좋을 것이다.

> 인생이란 치과 의사 앞에 있는 것과 같다. 그 앞에 앉을 때마다 최악의 통증이 곧 찾아올 것으로 생각하지만, 그러다 보면 어느새 통증이 끝나 있는 것이다.

강제 수용소에 있던 사람 대부분은 무언가를 성취할 수

있는 인생의 진정한 기회가 자기들에게 다시 오지 않을 것이라고 믿었다. 그러나 실제로는 그렇지 않았다. 그곳에도 기회가 있고, 도전이 있었다. 삶의 지침을 돌려놓았던 경험의 승리를 정신적인 승리로 만들 수도 있었고, 그와는 반대로 도전을 무시하고 대부분의 수감자처럼 무의미하게 보낼 수도 있었다.

미래에 대한 기대가 삶의 의지를 불러일으킨다

수감자가 수용소에서 입은 정신 병리적 상처를 정신 요법이나 정신 위생학적 방법으로 치료하려면 미래의 목표를 정해서 내면의 힘을 강화해야 한다. 어떤 수감자는 본능적으로 자기 스스로 그런 목표를 찾아내기도 한다. 이것이 바로 인간의 특성이다. 사람은 미래에 대한 기대가 있어야만 세상을 살아갈 수 있다. 기대를 갖기 위해 때때로 자기 마음을 밀어붙여야 할 때도 있지만, 가장 어려운 순간에 구원해 주는 건 바로 미래에 대한 기대이다.

내가 실제로 경험했던 일이 생각난다. 나는 찢어진 신발 때문에 발에 심한 종기가 생겨 눈물이 날 정도로 극심한 통증을 겪으며, 수용소에서 작업장까지 몇 킬로미터를 절뚝거리며 긴 행렬을 이루어 걸었다. 날은 추웠고, 살을 에는 듯한 바람이 사정없이 내리쳤다. 나는 비참한 생활에서 끊임없이 떠오르는 자질구레한 문제들을 계속 생각하고 있었다. 오늘 저녁에는 무엇을 먹게 될까? 만약 특별 배급으로 소시지가 나오면 빵과 바꿀까? 2주일 전에 상으로 받았던 담배 한 개비를 수프 한 그릇과 바꾸어 먹을까? 한쪽 신발 끈이 끊어졌는데 끈으로 쓸 철사를 어디서 구하지? 시간 맞춰 작업장에 가서 평소에 내가 일하던 작업반에 낄 수 있을까? 다른 작업반에 들어갔다가 고약한 감독을 만나면 어떻게 하지? 매일 긴 행렬에 끼어서 작업장에 가지 않고 수용소 안에서 일할 수 있도록 도와주는 카포는 없을까? 그런 카포와 잘 사귀려면 어떻게 해야 하지?

매일같이 시시각각 그런 하찮은 일만 생각하도록 몰아가는 상황이 너무 역겹게 느껴졌다. 다른 생각을 하기로 했다. 문득 불이 환히 켜진 따뜻하고 쾌적한 강의실 강단에 서 있는 나를 떠올렸다. 앞에서 청중들이 푹신한 의자에 앉아 내 강의를 경청했다. 나는 강제 수용소에서의 심리학을 강의하고 있었다! 그 순간 나를 짓누르던 모든 것들이 객관적으로 변하고, 과학적인 관점에서 거리를 두고 설명할 수 있게 됐다. 이런 방법을 통해 어느 정도 내가 처한 상황과 순간의 고통을 이기는 데 성공했고, 그것을 마치 과거에 일어났던 일처럼 관찰할 수 있었다. 나 자신과 내 문제는 내가 진행하는 흥미진진한 정신과학의 연구 대상이 됐다. 스피노자가 그의 《윤리학》에서 무엇이라고 했던가?

> 감정, 고통스러운 감정은 우리가 그것을 명확하고
> 확실하게 묘사하는 바로 그 순간에 고통이기를 멈춘다.

미래, 곧 그 자신의 미래에 대한 믿음을 잃어버린 수감자는 불운한 사람이다. 미래에 대한 믿음을 잃어버리면서 정신력도 상실한다. 그는 자기 자신을 퇴화시키고, 정신적으로나 육체적으로 무너져 내리기 시작한다. 이런 현상은 위기라는 형태로 아주 갑작스럽게 나타난다.

수용소 생활을 해 본 사람들은 이런 징후에 아주 익숙해져 있다. 우리 모두 이 순간을 두려워했다. 우리 자신을 위해서가 아니라(그건 의미가 없기에) 친구를 위해서였다. 대체로 이런 현상은 아침에 수감자가 옷 입고 세수하는 것을 거부하거나, 연병장으로 나가는 것을 거부하는 것으로 시작된다. 간청과 주먹질, 위협도 효과가 없다. 그냥 누워서 거의 움직이지 않는다. 이런 위기가 병 때문에 생겼더라도 병실로 옮겨지는 것을 거부하고, 그 밖에 도움이 되는 그 어떤 것도 거부한다. 포기한 것이다. 자기가 싼 배설물 위에 누워 있으려고만 한다. 세상 어떤 것으로부터도 더는 간섭받지 않고.

미래에 대한 믿음의 상실은 죽음을 부른다

미래에 대한 믿음의 상실과 위험한 자포자기가 서로 밀접하게 연관된다는 사실을 보여 주는 극적인 사례가 있다.

우리 구역의 고참 관리인 F는 꽤 유명한 작곡가이자 작사가였다. 그가 어느 날 나에게 고백했다.

"의사 선생님께 드릴 말씀이 있습니다. 이상한 꿈을 꾸었어요. 꿈에서 어떤 목소리가 소원을 말하라는 거예요. 내가 알고 싶은 것을 말하래요. 그러면 질문에 모두 대답해 줄 거라고 하더군요. 그래서 내가 무얼 물어보았는지 아십니까? 나를 위해서 이 전쟁이 언제 끝날 것이냐고 물어보았지요. 무슨 말인지 아시겠어요, 의사 선생님? 나를 위해서 말이에요. 언제 우리가, 수용소가 해방될 것인지, 우리의 고통이 언제 끝날 것인지 알고 싶었어요."

"언제 그런 꿈을 꾸었습니까?"

내가 물었다.

"1945년 2월에요."

그가 대답했다. 그때는 3월이 막 시작됐을 때였다.

"그래, 꿈속의 목소리가 뭐라고 대답했나요?"

그가 내 귀에 나직하게 속삭였다.

"3월 30일이래요."

F는 희망에 차 있었고, 꿈속의 목소리가 하는 말이 맞을 거라고 확신하고 있었다.

하지만 약속의 날이 가까워지면서 수용소에 전해진 전쟁 소식을 들어 보면, 그날 자유의 몸이 될 가능성은 거의 없어 보였다. 3월 29일, F는 갑자기 아프기 시작했고 열이 아주 높게 올랐다. 3월 30일, 꿈에서 들었던 것처럼 그에게서 전쟁과 고통이 떠나갔다. 헛소리하다가 그만 의식을 잃은 것이다. 3월 31일에 그는 죽었다. 사망의 직접적인 요인은 발진 티푸스였다.

인간의 정신 상태(용기와 희망 혹은 그것의 상실)와 육체의 면역력이 얼마나 밀접한 연관이 있는지 아는 사람은 희망과 용기의 갑작스러운 상실이 얼마나 치명적인 결과를 초래하는지 이해할 것이다. 내 친구가 죽은 결정적인 요인은 기대했던 해방의 날이 오지 않았다는 데 있었다. 그는 몹시 절망했고, 잠재해 있던 발진 티푸스균에 대항하던 저항력이 갑자기 떨어졌다. 미래에 대한 믿음과 살고자 하는 의지는 마비됐고, 그의 몸은 병마의 희생양이 됐다. 결과적으로 꿈속 목소리가 했던 말이 맞기는 맞았다.

이 사례를 관찰하고 도출한 결론은 나중에 수용소 주치의에게 들었던 말과도 일치했다. 1944년 성탄절부터 1945년 새해에 이르기까지 일주일 동안 사망률이 일찍이 볼 수 없었던 추세로 급격히 증가했다. 주치의의 의견에 따르면, 이 기간에 사망률이 증가한 것은 더 가혹해진 노동 조건, 식량 사정 악화, 기후 변화, 새로운 전염병 때문이 아니었다. 수감자 대부분이 성탄절에는 집에 갈 수 있으리라고 막연한 희망을 품고 있었기 때문이라는 것이다. 그 시간이 다가오는데도 희망적인 소식이 들리지 않자, 용기를 잃었고 절망감이 그들을 덮쳤다. 이것이 그들의 저항력에 위험한 영향을 끼쳤고, 많은 사람이 사망하기에 이른 것이다.

살아야 할 이유

앞에서도 얘기했지만, 수용소에서 사람의 정신력을 회복시키려면 먼저 미래에 대한 희망을 보여 주어야 한다. 니체가 말했다.

> '왜' 살아야 하는지 아는 사람은 그 '어떤' 상황도 견딜 수 있다.

이 말은 수감자들을 대상으로 심리 치료와 정신 위생학적 치료를 하려는 사람에게 귀감이 되는 말이다. 수감자를 치료할 때 그들이 처한 끔찍한 현실을 어떻게든 견딜 힘을 주려면 그들에게 살아야 할 이유, 즉 목표를 얘기해 주어야 한다. 슬프도다! 자기 삶에 더 이상의 느낌이 없는 사람, 이루어야 할 목적도, 목표도 그리고 의미도 없는 사람이여! 그런 사람은 곧 파멸했다. 모든 충고와 격려를 거부하는 사람들이 하는 전형적인 대답은 이런 것이었다.

"나는 내 인생에서 더 이상 기대할 것이 없어요."

이런 사람에게 어떤 대답을 해 주어야 할까? 가장 필요한 것은 삶에 대한 태도를 근본적으로 변화시키는 것이다. 우리는 우리 자신을 공부하고, 더 나아가 좌절에 빠진 사람에게 다음과 같은 이야기를 들려주어야 했다.

정말 중요한 것은 우리가 삶에 무엇을 기대하는가가 아니라 삶이 우리에게 무엇을 기대하느냐이다. 삶의 의미에 대해 질문하는 것을 그만하고, 대신 삶으로부터 질문받는 우리 자신에 대해 매일 매시간 생각해야 한다. 그리고 그 대답은 말이나 명상이 아니라 올바른 행동과 올바른 태도에서 찾아야 한다. 인생이란 궁극적으로 이런 질문에 올바른 해답을 찾고, 개개인 앞에 놓인 과제를 책임지고 수행하는 것을 의미한다.

이런 과제들, 즉 삶의 의미는 사람마다 다르고, 때에 따라 다르다. 그러므로 일반적인 방식으로 삶의 의미를 정의하는 것은 불가능하다. 삶의 의미가 무엇인지는 포괄적으로 대답할 수 없다. '삶'은 막연한 것이 아니라 현실적이고 구체적이며, 삶이 우리에게 던져 준 과제도 현실적이고 구체적이다. 바로 이 과제들이 개인마다 다르고 고유한 인간의 운명을 결정한다. 어떤 사람이나 어떤 운명도, 다른 사람이나 다른 운명과 비교할 수 없다. 똑같은 상황이 되풀이되는 경우는 하나도 없으며, 각 상황은 서로 다른 반응을 불러일으킨다.

때로는 어떤 사람이 처한 상황에 따라 행동을 통해 스스로 운명을 개척해야 할 수도 있다. 어떤 때는 더 생각할 시간을 갖는 것이 더 이로울 수도 있다. 주어진 운명을 그대로 받아들이고, 십자가를 지고 나가야 할 때도 있다. 각 상황은 나름대로 독자성을 갖는다. 그리고 해당 상황이 제기하는 문제에 대한 올바른 답은 항상 하나뿐이다.

만약 어떤 사람이 시련을 겪는 것이 운명임을 알았다면, 그는 그 시련을 자신의 과제, 다른 것과 구별되는 자신만의 유일한 과제로 받아들여야 한다. 시련 속에서도 자신이 이 세상에서 유일한 단 한 사람이라는 사실에 감사해야 한다. 어느 누구도 그를 시련에서 구해 줄 수 없고, 대신 고통을 짊어질 수도 없다. 자신의 짐을 짊어지는 방식을 결정하는 것은 그에게만 주어진 독자적인 기회이다.

완수해야 할 시련이 그 얼마인고

우리 같은 수감자에게 이런 생각들은 현실과 동떨어진 사색적인 이론이 아니었다. 우리가 자신을 도울 수 있는 유일한 생각이었다. 이 생각들은 우리가 살아서 그곳을 나갈 가능성이 없어 보였을 때도 절망으로부터 우리를 지켜 주었다. 오래전에 우리는 삶의 의미가 무엇인지 묻는 단계를 지났다. 그것은 삶을, 가치 있는 무언가를 적극적으로 창조함으로써 목표를 성취하는 것으로 이해하는 순수한 물음이었다. 우리에게 삶의 의미는 삶과 죽음, 고통받는 것과 죽어 가는 것까지 폭넓게 감싸안는 포괄적인 것이었다.

시련이 무엇을 의미하는지가 명백하게 밝혀지면서 우리는 수용소 안에서 자행되는 폭력을 무시하거나, 거짓 상상이나 억지로 만들어 낸 낙관적인 생각으로 고통을 줄이려고 시도하지 않게 됐다. 시련으로부터 등을 돌리기를 원하지 않았다. 시련 속에 무엇인가 성취할 기회가 숨어 있다는 것을 깨달았다.

릴케가 〈우리가 완수해야 할 시련이 그 얼마인고!〉라는 시를 쓴 것도 아마 시련 속에 기회가 숨어 있다는 걸 알았기 때문일 것이다. 릴케는 마치 '작업을 완수한다'라고 말하는 것과 똑같이 '시련을 완수한다'라고 했다. 우리에게는 완수해야 할 시련이 너무나 많았다. 우리는 될 수 있는 대로 나약해지지 않고, 남몰래 눈물 흘리는 일을 최대한 자제하면서 있는 그대로의 고통과 대면해야 할 필요가 있었다.

그렇다고 눈물 흘리는 것을 부끄러워할 필요는 없었다. 눈물은 그 사람이 엄청난 용기, 즉 시련을 받아들일 용기를 가지고 있다는 걸 의미하기 때문이다. 아주 극소수의 사람만이 그것을 깨달았다. 어떤 사람들은 부끄러워하면서 자기가 운 적이 있다고 고백하기도 했다. 한번은 부종 때문에 고생하던 동료에게 어떻게 나았냐고 물어보았다. 그랬더니 그가 이렇게 대답했다.

"실컷 울어서 내 조직 밖으로 몰아냈지."

자살 방지를 위한 노력

강제 수용소에서 조금 여유가 생겼을 때, 나는 개인이나 집단을 대상으로 정신 요법과 정신 건강법을 이용한 치료를 시도했다. 개인을 대상으로 하는 정신 요법은 일종의 '인명 구조'와 비슷한 성격을 띠고 있었다. 말하자면 자살 방지책의 일종이라는 것이다. 수용소에는 자살을 시도하는 사람의 생명을 구하는 것을 금지하는 엄한 규칙이 있었다. 예를 들자면 목을 매 자살하려는 사람의 목에 매인 줄을 끊는 것도 금했다. 그래서 이런 일이 일어나기 전에 방지하는 것이 중요했다.

나는 아직도 두 개의 자살 미수 사건을 기억한다. 두 사건은 놀라울 정도로 비슷했다. 두 사람 모두 자살 동기를 털어놓았다. 그것은 자살을 시도하는 사람들이 전형적으로 내세우는 것, 즉 삶으로부터 아무것도 기대할 게 없다는 것이었다. 이런 경우 인생이 그들에게 여전히 무언가를 기대하고 있으며, 미래에는 그들이 인생으로부터 무언가를 기대할 수 있다는 사실을 일깨워 주는 게 중요하다.

한 사람에게는 그것이 자신의 사랑하는 아이였다. 그는 아이가 지금 다른 나라에서 그를 기다리고 있다는 것을 알게 됐다. 나머지 한 사람에게는 그것이 사람이 아니라 일이었다. 과학자였던 그는 책을 써 왔는데 아직 완성하지 못한 상태였다. 그 일은 누가 대신해 줄 수 있는 것이 아니었다. 마찬가지로 아이에게 애정을 베푸는 데 있어서 아버지를 대신해 줄 수 있는 사람은 아무도 없었다.

각 개인을 구별하고, 존재의 의미를 부여하는 독자성과 유일성은 인간의 사랑만큼이나 창조적인 작업에도 영향을 미친다. 누구도 자기 존재를 대신할 수 없다는 사실을 깨달으면, 자신의 존재와 지속에 대한 책임이 아주 중요한 의미가 된다. 사랑으로 자기를 기다리고 있을 아이나, 혹은 아직 완성하지 못한 일에 책임감을 느끼는 사람은 자기 삶을 던져 버리지 못할 것이다. 그는 '왜' 살아야 하는지를 알고 있고 그래서 그 '어떤' 어려움도 견딜 수 있다.

집단 심리 치료의 경험

당연한 일이지만 수용소 안에서는 집단 심리 치료의 기회가 제한되어 있었다. 말로 하는 치료보다는 오히려 모범을 보여 주는 편이 더 효과적이었다. 공정하고 용기 있는 행동으로 보아 수용소 편이 아닌 것이 분명한 한 고참 관리인은 자기 담당 구역 사람들에게 광범위한 도덕적 영향을 줄 기회가 무수히 많았다.

행동을 통해 즉각적인 영향을 주는 것이 대개는 말보다 훨씬 효과적인 법이다. 하지만 어떤 때는 말이 더 효과적인 경우도 있다. 어떤 외부 조건으로 사람들의 마음에 무언가를 받아들일 수 있는 수용의 폭이 넓어졌을 경우이다. 나는 이렇게 정신적 수용력이 넓어졌을 때 우연히 막사에 있던 모든 수감자를 대상으로 정신 요법을 시도했던 일을 기억한다.

그날은 재수가 없는 날이었다. 아침 점호 시간에 반란 행위로 여겨질 수 있는 행동이 무엇인지 수없이 나열됐다. 지금부터 그런 행동을 하면 그 자리에서 교수형에 처하겠다고 했다. 그 범죄 행위에는 낡은 담요에서 무릎을 보호하기 위해 작은 조각을 잘라 내는 행위와 '좀도둑질' 같은 것이 포함되어 있었다.

그로부터 며칠 전에 반쯤 굶어 죽게 된 한 수감자가 감자 창고를 부수고 들어가 감자 몇 파운드를 훔친 일이 있었다. 도둑질은 곧 발각됐고, 수감자 몇 명은 '도둑'이 누구인지 알고 있었다. 수용소 당국자들이 이 사실을 알고 죄를 지은 사람이 누군지 말하지 않으면 수용소에 있는 모든 사람을 하루 동안 굶기겠다고 했다. 당연히 2,500명의 사람들은 굶는 쪽을 선택했다.

온종일 꼬박 굶어야 했던 그날 저녁, 우리는 막사에 누워 있었다. 분위기가 착 가라앉은 상태였다. 몇 마디 말이 오갔을 뿐이고, 한마디 말조차 신경에 거슬렸다. 그런데 설상가상으로 불이 나가 버렸다. 기분이 완전히 바닥까지 떨어졌다. 하지만 우리 고참 관리인은 현명한 사람이었다. 그는 그 자리에서 모든 사람이 머릿속으로 생각하고 있던 것을 즉흥적으로 이야기했다. 지난 며칠 동안 병이나 자살로 죽어 간 수많은 동료에 대해 이야기했다. 그들이 죽은 진짜 이유는 희망을 버렸기 때문일지도 모른다고 말했다. 그는 앞으로 생길지도 모를 희생자들이 이런 최악의 상태에 이르지 않도록 어떤 방법을 강구해야 한다고 말했다. 그러면서 이런 조언을 해 줄 수 있는 사람이 바로 나라고 했다.

신은 알고 있을 것이다. 당시 나는 정신 의학을 설명하거나 설교하고 싶은 기분이 전혀 아니었다는 것을. 동료들을 상대로 정신과적 치료를 하고 싶지 않았다. 나는 춥고, 배고프고, 짜증 나고, 피곤했다. 하지만 노력해야 했다. 좀처럼 생기지 않는 이런 기회를 활용해야만 했다. 그 어느 때보다 용기를 북돋아 주는 것이 절실했다.

나는 단순한 위로의 말부터 시작했다. 제2차 세계 대전이 시작되고 여섯 번째 겨울을 맞았지만, 지금 유럽 정세를 살펴보면 우리 처지는 그렇게 최악이 아니라고 말했다. 그리고 지금까지 시련을 겪어 오면서 다른 무엇으로도 대신할 수 없는 것을 잃은 적이 있다면, 그것이 무엇인지 스스로 물어보라고 했다. 의외로 대체할 수 없는 것을 잃어버린 경우는 거의 없다는 사실을 알게 됐다. 아직도 살아 있는 사람들은 희망의 이유가 있었다. 건강, 가족, 행복, 전문적인 능력, 재산, 사회적 지위 등은 모두 나중에 다시 가질 수 있는 것들이었다. 그때 나는 니체의 말을 인용했다.

"나를 죽이지 못한 것은 나를 더욱 강하게 만들 것입니다."

그리고 미래를 얘기했다. 치우치지 않고 말하면, 미래가 가망 없어 보일 것이라고 했다. 우리가 앞으로 살아남을 가능성이 얼마나 적은지도 모두 생각을 같이했다. 우리 수용소에는 아직 발진 티푸스가 발병하지 않았지만, 내가 살아남을 확률은 스무 명 중 한 명 정도일 거라고 말했다. 그런데도 희망을 잃거나 포기할 생각은 없다고 이야기했다. 누구도 미래를 예측할 수 없기 때문이고, 심지어 바로 한 시간 후도 내다볼 수 없기 때문이다. 며칠 안으로 전쟁 상황에 엄청난 반전이 일어날 것을 기대할 수는 없다. 하지만 수용소에서의 경험으로 우리는 적어도 각 개인에게 얼마나 엄청난 기회가, 그것도 아주 갑자기 찾아오는지 누구보다 잘 알고 있었다. 예를 들자면 기대도 하지 않았는데 의외로 작업 환경이 좋은 특별 작업반에 배치된다거나 하는 것처럼 말이다. 이런 일들이 당시 수감자들에게 바로 '행운'이라고 불릴 수 있는 일이었다.

미래에 대해서만 말한 건 아니었다. 미래에 드리워진 장막에 대해서도 얘기했다. 또 과거도 얘기했다. 과거에 있었던 모든 즐거운 일들과 그 빛이 현재 어둠 속에서도 얼마나 밝게 빛나고 있는지를. 이때 나는 또 시를 인용했다. 내 스스로 설교를 하고 있다는 느낌을 피하기 위해서였다.

"그대의 경험, 이 세상 어떤 권력자도 빼앗지 못하리!"

경험뿐이 아니다. 우리가 그동안 했던 모든 일, 우리가 했을지도 모르는 훌륭한 생각들, 우리가 겪었던 고통, 이 모든 것들은 비록 과거로 흘러갔지만, 결코 잃어버린 것이 아니다. 우리는 그것을 우리 존재 안으로 가져왔다. 간직해 왔다는 것도 하나의 존재 방식일 수 있다. 그리고 어쩌면 가장 확실한 존재 방식인지도 모른다. 그런 다음 나는 삶에 의미를 주는 다양한 기회를 이야기했다. 꼼짝 않고 누워 있다가 가끔 한숨을 쉬던 내 동료에게 어떤 상황에서도 인간의 삶은 결코 의미를 잃지 않으며, 삶의 무한한 의미에는 고통과 임종, 궁핍과 죽음이 모두 포함되어 있다고 말했다. 어둠 속에서 내 말에 열심히 귀를 기울이는 불쌍한 신의 피조물들에게 우리가 처한 가혹한 현실을 과감하게 직면하자고 했다. 희망을 잃어서는 안 되고, 우리의 가망 없는 싸움이 삶의 존엄성과 의미를 훼손하지 않는다는 확신 속에서 용기를 가져야 한다고 말했다. 나는 누군가(친구나 아내, 산 사람, 혹은 죽은 사람, 혹은 하느님)가 각각 다른 시간에 우리 한 사람 한 사람을 내려다보고 있다고 했다. 우리를 지켜보고 있는 그 사람은 우리가 그를 실망시키지 않기를 바라고 있다. 우리가 비굴하지 않고 의연하게 시련을 이겨 내고, 어떤 태도로 죽어야 하는지 알기를 바란다고.

마지막으로 나는 우리의 희생을 얘기했다. 희생은 어떤 경우에나 의미가 있다. 우리의 희생은 물질적인 성공이 중요한 세계, 즉 평범한 세상에서는 틀림없이 의미 없는 것으로 여겨질 것이었다. 그러나 실제로 우리의 희생에는 의미가 있었다. 나는 진솔하게 말했다. 우리 중에 종교가 있는 사람들은 이 말을 쉽게 이해할 것이다. 수용소에 처음 들어온 동료가 하늘에 이렇게 기도하는 것을 들었다. 자신의 고난과 죽음으로 자기가 사랑하는 사람이 고통스러운 종말로부터 구원받도록 해 달라는 기도였다. 이런 사람에게 고난과 죽음은 의미 있는 것이다. 그의 희생은 아주 심오한 의미를 지닌 희생이다. 그는 헛되게 죽고 싶지 않았던 것이다. 우리 중 누구도 그렇게 되기를 원하지 않았다.

바로 그 순간, 그 막사에서, 실제로 가망이 없는 상황에 놓여 있는 우리 삶이 지닌 충만한 의미를 찾아보려고 이 말을 했다. 내 말은 효과가 있었다. 불이 다시 들어와 주위가 밝아지자 비참한 몰골을 한 동료들이 두 눈에 눈물을 가득 머금고 다가와서 감사하다고 했다.

그러나 나는 여기서 고백하지 않을 수 없다. 당시 고통받는 동료들과 교감할 만한 내면적 힘이 너무 자주 부족했다.

분명히 나에게 그런 일을 할 기회가 많았을 텐데, 그것을 놓치고 만 것이 틀림없다.

수용소의 인간 군상

이제 수감자의 심리적 반응 세 번째 단계, 즉 수용소에서 풀려난 후를 설명할 차례이다. 하지만 먼저 정신 의학자들이 자주 받는 질문, 특히 개인적 체험을 통해 수용소 내 사정을 잘 알고 있는 정신 의학자들이 자주 받는 질문에 관해 얘기하겠다. 그것은 수용소 감시병들의 정신 상태를 어떻게 생각하느냐는 질문이다.

살과 피를 가진 인간으로서 어떻게 다른 사람에게 그런 일, 수용소에 있던 수많은 사람이 당했다고 말하는 바로 그런 일을 저지를 수 있을까? 수용소 안에서 벌어진 일을 듣고, 실제로 그런 일들이 벌어졌다고 믿는 사람들은 모두 정신 의학적으로 어떻게 그런 일을 할 수 있는지 의문을 품는다. 이 질문에 지나치게 자세히 설명하지 않고 답하기 위해, 몇 가지 짚고 넘어가야 할 것이 있다.

첫째, 감시병 중에는 사디스트, 정신 의학적인 의미에서 정말로 순수한 사디스트가 있었다.

둘째, 이 사디스트들은 아주 잔인한 감시병이 필요한 경우에 선발됐다. 비록 몇 분 동안이지만 작업장의 작은 가지와 나무토막으로 불을 지핀 따뜻한 난로 앞에서 몸을 녹일 수 있도록 허락받는다는(추운 날씨에 밖에서 2시간 동안 일하고 나면) 것은 정말로 기뻤다. 그러나 감독 중에는 우리가 누리는 이런 안락함을 빼앗는 것에서 쾌감을 느끼는 사람들이 꼭 있었다. 우리에게 불을 쬐지 못하게 하고, 난로를 뒤엎고, 그토록 사랑스러운 불씨를 눈 속으로 던질 때 그들의 얼굴에서 생생한 쾌감의 빛을 읽을 수 있었다. 만약 나치 대원이 어떤 사람을 싫어한다고 하자. 그런데 감독 중에는 이런 일에 아주 열정적인 사람, 가학적인 고문에 아주 정통한 사람이 있게 마련이다. 그러면 그 수감자는 불행하게도 바로 그 사람에게 보내진다.

셋째, 대다수 감시병은 감정이 메말라 있는 상태라는 점이다. 몇 년 동안 수용소에서 점점 심해지는 야만적 행위를 보다 보니 그렇게 된 것이다. 도덕적으로나 정서적으로 메마른 사람들은 적어도 이런 가학적인 행위에 가담하지 않았다. 하지만 다른 사람이 그렇게 하는 것을 말리지도 않았다.

넷째, 감시병 중에도 우리를 동정하는 사람들이 있었다는 사실은 분명히 말해야 한다. 내가 갇혔던 수용소 소장도 그런 사람이었다. 해방 후에 밝혀진 사실이지만(그전에는 주치의와 수감자 한 사람만 이 사실을 알고 있었다), 그는 인근 마을 상점에서 수감자에게 줄 약을 사는 데 적지 않은 돈을 자기 호주머니에서 지불했다고 한다. 반면에 수용소 고참 관리인은 자신도 수감자면서 그 어떤 나치 대원보다 지독했다. 그는 아주 사소한 것을 핑계 삼아 수감자들을 때렸다. 하지만 내가 알기로 수용소장은 우리에게 손 한번 댄 적이 없었다.*

어떤 사람이 수감자였는지, 혹은 감시병이었는지 하는 단순한 정보만으로는 그 사람이 어떤 사람인지 판단할 수 없다. 인간의 자애심은 모든 집단, 심지어는 우리가 정말 벌을 받아야 마땅하다고 생각하는 집단에서도 찾을 수 있다. 집단 사이의 경계는 서로 겹쳐지는 경우가 많아서 이 사람들은

* 이 수용소장의 유대인 수감자에 대한 태도를 엿볼 수 있는 일화를 하나 소개하겠다. 전쟁이 끝나고 미군이 들어와 우리 수용소에 있는 수감자들을 풀어 줄 때, 헝가리 출신 젊은 유대인 세 명이 그를 바이에른 숲에 숨겼다. 그러고는 그를 찾으려고 혈안이 되어 있던 미군 소장을 찾아가 조건을 들어주면 그가 있는 곳을 말해 주겠다고 했다. 미군 소장은 그를 체포해도 해를 입히지 않겠다고 약속해야 했다. 미군 소장은 약속을 지켰을 뿐만 아니라 사실상 그를 복직시켰다. 그는 인근 바이에른 마을에서 옷을 수집해 우리에게 나누어 주는 일을 맡았다. 그때까지도 우리는 아우슈비츠역에 도착하자마자 운 나쁘게 가스실로 직행해야 했던 사람들로부터 물려받은 옷을 입고 있었다.

천사, 저 사람들은 악마라고 부르면서 문제를 단순화하려고 해서는 안 된다. 수용소에서 나쁜 영향을 받으면서도 수감자들을 친절하게 대했던 감시병이나 감독은 대단한 인간적 성취를 이룬 사람들이라 할 수 있다. 반면 같은 동료 수감자를 괴롭힌 사람의 비열함은 정말로 비난받아야 마땅하다.

물론 수감자들은 특별히 고약하게 굴었던 몇몇 사람들을 성격적으로 결함 있는 사람들이라고 생각했다. 반면에 감시병으로부터 받은 아주 작은 친절에도 깊이 감동했다. 나는 어느 날 감독이 은밀히 불러 빵을 주었던 것을 기억한다. 아침에 배급받은 빵을 아껴 둔 것이 분명했다. 그때 나를 눈물 흘리게 한 것은 그 작은 빵의 의미를 뛰어넘은 것이었다. 그는 나에게 인간적인 '그 무엇'도 함께 주었다. 바로 따뜻한 말과 눈길이었다.

이것을 통해 세상에는 두 가지 부류의 사람이 있으며, 고매한 인격을 가진 부류와 미천한 인격을 가진 부류로 나누어진다는 사실을 알 수 있었다. 두 부류의 사람들은 어디에서나 볼 수 있다. 그들은 사회 모든 집단에 있다. 착한 사람들로만 이루어진 집단, 혹은 악한 사람들만으로 이루어진 집단은 존재하지 않는다. '순전히 한 부류'의 사람들로만 구성된 집단은 이 세상에 없다는 것이다. 수용소 감시병 중에도 가끔 좋은 사람이 끼어 있을 수 있다.

강제 수용소에서의 생활은 인간의 영혼을 파헤치고, 그 영혼의 깊이를 적나라하게 드러나게 했다. 놀라운 것은 깊은 곳이 드러난 인간성에서도 선과 악이 뒤섞인 인간 본연의 특성이 발견된다는 점이다. 모든 인간을 관통하는 선과 악을 구별하는 층은 인간성의 깊은 바닥이 적나라하게 노출된 강제 수용소라는 곳에서 더욱 분명하게 드러난다.

해방의 경험

이제 강제 수용소에서의 정신 의학 마지막 단계, 풀려난 사람들의 심리를 이야기해 보겠다. 해방의 경험은 당연히 개인적인 성격을 띨 수밖에 없다. 여기서는 극도로 긴장했던 며칠이 지난 후, 수용소 정문 위에 흰 깃발이 펄럭였던 그날 아침의 경험담을 소개하겠다.

내면의 긴장 상태는 완전히 이완되었다. 그러나 우리가 미친 듯이 기뻐했을 것으로 생각한다면, 그것은 오산이다. 그다음에 무슨 일이 일어났을까? 우리는 피곤한 발걸음으로 몸을 질질 끌다시피 하며 수용소 정문으로 걸어갔다. 조심스럽게 주위를 둘러보고, 의심에 가득 찬 표정으로 서로를 힐끗힐끗 쳐다보았다. 그런 다음 과감하게 수용소 밖으로 몇 걸음을 내디뎠다. 우리에게 고함치며 명령하는 사람이 없었다. 주먹질이나 발길질을 피하려고 자맥질하는 오리처럼 몸을 움츠릴 필요도 없었다. 세상에! 감시병들이 우리에게 담배를 권하고 있지 않은가! 처음에는 그들을 거의 알아보지 못했다. 그들이 서둘러 민간인 복장으로 갈아입었기 때문이다. 우리는 천천히 수용소 밖으로 난 길을 따라 걸었다. 곧 다리가 아프고 꺾일 것 같다는 느낌이 들었다. 하지만 우리는 절뚝거리며 걸었다. 자유인의 눈으로 그전까지 미처 보지 못했던 수용소 주위를 살펴보고 싶었기 때문이다.

자유. 우리는 스스로 몇 번이나 이 단어를 되뇌었다. 하지만 아무런 느낌이 없었다. 지난 몇 년간 그토록 자유를 갈망하면서 얼마나 자주 이 단어를 입에 올렸는지, 이제는 그 말이 의미를 잃고 말았다. 현실 감각이 없었다. 자유가 우리의 것이라는 사실을 실감할 수 없었다.

드디어 꽃이 가득 핀 초원에 이르렀다. 꽃이 만발해 있다는 것을 눈으로 보고 알았지만, 아무런 감흥도 느낄 수 없었다. 처음으로 불꽃 튀는 것 같은 기쁨을 느낀 것은 여러 색깔의 깃털로 된 꼬리를 단 수탉을 보았을 때였다. 하지만 그것도 잠시뿐이었다. 우리는 아직 이 세상에 속한 사람들이 아니었다.

저녁이 되어 사람들이 모두 막사에 모였을 때, 한 사람이 다른 사람에게 은밀하게 물었다.

"말해 보게. 자네 오늘 기뻤나?"

우리 모두 똑같이 느끼고 있다는 사실을 몰랐던 그는 부끄러운 듯이 대답했다.

"솔직하게 얘기하자면 아니야."

우리는 글자 그대로 기쁨을 느끼는 능력을 잃어버린 것이다. 천천히 그것을 다시 배워야만 했다.

이처럼 갇혀 있다가 석방된 죄수에게서 나타나는 현상을 정신 의학적인 용어로 '이인증(depersonalization)'이라고 한다. 모든 것이 꿈처럼 비현실적이고, 있을 법하지 않은 것처럼 보인다. 현실이라는 것을 믿을 수 없었다. 지난 몇 년간 얼마나 자주 꿈에 속았던가! 자유의 날이 오고, 석방되어 집으로 돌아가고, 친구와 인사를 나누고, 아내를 포옹하고, 테이블에 앉아서 그동안 우리가 겪었던 일들을 모두 이야기하는 꿈을 꾸었다. 오히려 너무나 자주 꾸었다. 그런데 바로 그때 호루라기 소리가 들린다. 자리에서 일어나라는 호루라기 소리와 함께 자유의 날을 맞은 꿈도 끝이 난다. 지금, 그 꿈이 실현됐다. 그러나 정말로 그것을 믿을 수 있을까?

육체는 마음보다 거부감이 적은 법이다. 육체는 새롭게 얻은 이 자유를 처음부터 잘 활용했다. 육체가 게걸스럽게 먹어 대기 시작한 것이다. 몇 시간 동안, 며칠 동안 그리고 심지어는 한밤중에도 먹었다. 한 사람이 먹어 치우는 음식의 양이 심히 놀라웠다. 우리 중 어떤 사람은 이웃의 친절한 농부에게 초대받았는데, 그 집에서 먹고 또 먹고, 커피까지 마셨다. 그러자 혀가 풀려서 몇 시간 동안 이야기하고, 또 했다. 몇 년 동안 그의 마음을 짓누르던 중압감이 마침내 사라진 것이다. 그가 이야기하는 것을 보았다면 누구라도 알았을 것이다. 그는 말하고 싶었다는 것을. 말하고자 하는 욕구가 참을 수 없을 정도로 컸다는 것을.

나는 아주 짧은 시간 동안 심한 중압감(예를 들어 게슈타포의 혹독한 심문 같은 것)을 겪은 사람이 이와 유사한 반응을 보이는 것을 알았다. 혀뿐만 아니라 마음속에 있는 응어리까지 풀리는 데는 여러 날이 걸렸다. 그런 다음에는 감정이 그것을 억압하고 있던 기이한 속박으로부터 폭발하듯 뿜어져 나왔다.

자유를 찾은 지 며칠이 지난 어느 날, 나는 꽃이 만발한 들판을 지나 몇 마일을 걸어 수용소 근처에 있는 시장으로 향했다. 종달새가 하늘로 날아올랐고, 새들의 노랫소리가 들렸다. 주변 몇 마일 안에 사람 하나 보이지 않았다. 드넓은 대지와 하늘, 종달새의 환호 그리고 자유로운 공간만이 그곳에 있었다.

나는 멈춰 서서 주변을 돌아보고, 하늘을 올려다보았다. 그리고 무릎을 꿇었다. 그 순간 나 자신은 물론, 이 세상에 대해 아무것도 생각하지 않았다. 항상 그랬던 것처럼 단 한 가지만 마음속에 품었다.

"저는 제 비좁은 감방에서 주님을 불렀나이다. 그런데 주님은 이렇게 자유로운 공간에서 저에게 응답하셨나이다."

그때 얼마나 오랫동안 무릎을 꿇고 앉아서 이 말을 되풀이했는지 더는 기억나지 않는다. 그러나 나는 알고 있었다. 바로 그날, 바로 그 순간부터 새 삶이 시작됐다는 것을. 나는 다시 인간이 되고자 한 걸음 한 걸음 앞으로 걸어 나갔다.

해방 이후 나타난 현상들

수용소에서의 마지막 며칠 동안 견뎌야 했던 극도의 정신적 긴장(마음의 평화를 깨뜨리는 신경과민 상태)으로부터 빠져나오는 길이 순탄했던 것은 절대로 아니었다. 감옥에서 풀려난 사람에게 더 이상 정신적 치료가 필요 없다고 생각한다면 정말로 잘못된 생각이다. 그렇게 심한 정신적 압박을, 그렇게 오랜 시간 받았던 사람에게는 자유를 얻은 후에도 똑같은 위험 요소가 도사리고 있다는 사실을 반드시 알아야 한다. 특히 정신적 억압 상태에서 갑자기 벗어났다면 더욱 그렇다.

정신 위생학적인 의미로 보면 일종의 잠수병과 같은 것이다. 잠수부가 깊은 물속에서 엄청난 압력을 받다가 갑자기 밖으로 나올 때 가장 위험한 것처럼, 엄청난 정신적 억압을 받다가 갑자기 풀려난 사람은 도덕적, 정신적 건강에 손상을 입을 위험이 크다.

이런 심리적 단계에서, 원초적인 기질을 지닌 사람들은 수용소에서 자신을 둘러싸고 있던 야만성의 영향에서 쉽게 빠져나오지 못하는 것을 관찰할 수 있다. 그들은 자유의 몸이 됐으니 이 자유를 마치 특허를 받은 것처럼 잔인하게 사용할 수 있다고 생각한다. 변한 것이 있다면 그들이 이제는 억압받는 쪽이 아니라 억압하는 쪽이 됐다는 것뿐이다. 폭력과 불의의 대상이 아니라 그것을 자행하는 가해자가 된다. 자기들이 겪었던 끔찍한 경험으로 자기 행위를 정당화한다. 이는 별로 대수롭지 않은 일에서 종종 일어난다.

어느 날 나는 친구와 함께 들을 가로질러 수용소로 돌아가고 있었다. 그런데 갑자기 우리 앞에 농작물이 자라는 밭이 나타났다. 나는 무의식적으로 그것을 피하려고 했다. 하지만 친구가 내 팔을 잡고 밭으로 끌고 들어갔다. 나는 더듬거리면서 어린 농작물을 짓밟지 말자고 말했다. 그러자 그는 짜증을 냈다. 화난 얼굴로 나를 바라보면서 이렇게 소리쳤다.

"그런 말 하지 말게. 그만큼 빼앗았으면 충분한 거 아니야? 내 아내와 아이는 가스실에서 죽었어. 그것으로 더 이상 할 말 없는 거 아니야? 그런데도 자네는 내가 귀리 몇 포기 밟는다고 뭐라고 하다니!"

이런 사람들은 아주 천천히 평범한 진리로 돌아올 수 있도록 도와주어야 한다. 다른 사람에게 옳지 못한 짓을 당했더라도 자기가 그들에게 옳지 못한 짓을 할 권리는 없다는 평범한 진리를 일깨워 주어야 한다. 그들이 진리로 다시 돌아올 수 있도록 이끌어 주는 노력을 게을리해서는 안 된다. 그렇지 않으면 귀리 수천 포기를 잃는 것보다 더 나쁜 결과를 불러올 수도 있기 때문이다.

나는 아직도 한 친구가 소매를 걷어붙이고 오른손 주먹을 내 코밑에 갖다 대며 소리치던 것을 기억한다.

"집으로 돌아가는 날, 내가 이 손에 피를 묻히지 않는다면 내 손을 잘라 버릴 거야."

여기서 내가 강조하고 싶은 것은 이 말을 한 친구가 절대로 나쁜 사람이 아니었다는 것이다. 그는 수용소에서도, 그 후에도 나의 가장 친한 동료였다.

비통과 환멸

정신적 억압에서 갑자기 풀려났을 때 도덕적 결함을 보이는 현상만 나타나는 것은 아니다. 그 사람의 성격에 손상을 입힐 수 있는 두 가지 기본적인 경험을 하게 된다. 그것은 정상적인 생활로 돌아왔을 때 겪게 되는 비통함과 환멸이다.

비통함은 그가 고향으로 돌아왔을 때 부딪히는 여러 가지 상황에서 비롯됐다. 돌아왔을 때, 사람들이 자기를 보면 그저 어깨를 으쓱하거나 상투적인 인사치레만 한다는 사실을 알게 된다. 그러면 점점 비통해지면서 자기가 과연 무엇 때문에 그 모든 고통을 겪었는지 스스로에게 묻는다. 거의 모든 곳에서 똑같은 말을 듣는다.

"우리는 그것을 몰랐어요."

"우리도 똑같이 고통을 받았어요."

이런 말을 들을 때마다 그는 스스로 묻는다.

"저 사람들은 정말로 나에게 할 말이 그것뿐일까?"

환멸을 경험하는 것은 이와는 또 다른 문제다. 여기서 그가 환멸을 느끼는 것은 사람들*이 아니라 그토록 잔인해 보이는 운명 그 자체이다. 몇 년 동안 인간이 겪을 수 있는 시련과 고난의 절대적인 한계까지 가 보았다고 생각했던 사람이, 아직도 시련이 끝나지 않았다는 것을, 시련에는 끝이 없으며 앞으로도 더 많은 시련을 더 혹독하게 겪어야 한다는 사실을 깨닫는다.

수용소에 있는 사람에게 정신적으로 용기를 주려면 미래

* 그들의 상투성과 감정 결핍이 너무 혐오스러워서 마침내 구멍으로 기어들어 간 것처럼 사람들을 더는 보려고도, 그들의 목소리를 들으려고도 하지 않게 된다.

에 기대할 무언가를 보여 주어야 한다고 얘기한 것을 기억할 것이다. 나는 삶이 여전히 그를 기다리고 있고, 그가 돌아오기를 기다리는 '사람'이 있다는 사실을 일깨워 주었다.

그렇지만 정작 자유를 얻은 후에는 어땠을까? 어떤 사람은 자기를 기다리는 이가 아무도 없다는 사실을 알게 된다. 슬프다! 수용소에서는 기억하는 것만으로도 그렇게 용기를 주었던 그 사람이 이제 더는 존재하지 않는다는 것을 알게 된 사람이여! 슬프다! 꿈에 그리던 그날이 마침내 찾아왔을 때, 모든 것이 자기가 꿈꾸어 오던 것과 너무나 다르다는 것을 알게 된 사람이여! 아마도 그는 전차를 타고 몇 년 동안 마음속으로만 그리던 집으로 돌아와, 꿈속에서 수천 번 되풀이했던 것처럼 벨을 눌렀을 것이다. 그러나 문을 열어 주어야 할 그 사람은 그곳에 없었다. 아니 앞으로도 계속 없을 것이다.

수용소에 있을 때 우리는 얘기했다. 세상에 나가도 우리가 그동안 겪었던 시련을 보상해 줄 만한 속세의 행복은 없을 것이라고. 당시 우리가 바라던 것은 행복이 아니었다. 행복을 바라면서 용기를 얻고, 우리가 겪는 시련과 희생과 죽음에 의미를 부여했던 것이 아니었다. 그런데도 우리는 불행을 대비하지 못했다. 적지 않은 사람에게서 나타나는 이런 환멸 현상은 극복하기가 매우 어렵고, 나 같은 정신과 의사도 도와주기가 여간 힘든 것이 아니다. 그러나 이것 때문에 낙담하지는 않는다. 오히려 새로운 자극을 받는다.

지금 이런 어려움을 겪고 있는 사람들에게도, 언젠가는 그때를 돌아보며 그 모든 시련을 어떻게 견뎠는지 모르겠다고 말하는 날이 올 것이다. 마침내 해방의 날이 찾아와 모든 일이 아름다운 꿈처럼 여겨진 것과 같이, 수용소에서 겪었던 모든 시련이 언젠가는 하나의 악몽으로만 느껴지는 날이 올 것이다.

살아 돌아온 사람이 시련으로 얻은 가장 값진 경험은 모든 시련을 겪고 난 후 이 세상에서 신 이외에 아무것도 두려워할 필요가 없다는 경이로운 느낌을 갖게 된 것이다.

2 로고테라피란 무엇인가

Logotherapy focuses on the meaning of human existence as well as on man's search for meaning.

로고테라피의 기본 개념

내 짧은 자전적 이야기를 읽은 독자들은 내 정신 치료법 이론에 대해 더 자세하고, 직접적으로 설명해 달라고 요청하곤 한다. 그래서《죽음의 수용소에서》초판에 로고테라피에 대해 간단하게 설명한 부분을 덧붙였다. 하지만 그것으로는 부족했는지, 좀 더 폭넓게 설명해 달라는 요청이 많았다. 따라서 이번 판에서는 설명을 완전히 새로 쓰고, 내용을 확장하였다.

결코 쉬운 작업은 아니었다. 20권에 이르는 독일어판의 방대한 자료들을 작은 분량의 지면에 압축해 독자에게 전달한다는 것은 거의 불가능한 일이었다. 언젠가 빈에 있는 내 진료소를 찾았던 한 미국인 의사가 생각난다.

"선생님은 정신 분석가신가요?"

"정확하게 말하자면 정신 분석가가 아니라 정신 치료사라고 할 수 있겠지요."

"선생님은 어느 학파에 속하십니까?"

"제가 직접 이론을 만들었습니다. 로고테라피라고 하죠."

"로고테라피가 무엇인지 한 문장으로 설명해 주실 수 있습니까?"

이어서 그가 물었다.

"최소한 정신 분석과 로고테라피의 차이점을 말씀해 주실 수는 있겠지요?"

"물론입니다. 그런데 그 전에 먼저 선생께서 정신 분석의 핵심을 한 문장으로 요약해 주실 수 있겠습니까?"

그러자 그가 대답했다.

"정신 분석을 하는 동안 환자는 침대에 누워서 의사에게 때로는 하기 거북한 말을 해야 합니다."

그 말을 듣자마자 나는 즉흥적으로 다음과 같이 응수했다.

"로고테라피를 받는 동안 환자는 똑바로 앉아서 의사로부터 때로는 듣기 거북한 말을 들어야 합니다."

물론 이 말은 농담이었지, 로고테라피의 요점을 설명하려고 한 말은 아니었다. 하지만 정신 분석과 비교해 볼 때 로고테라피가 덜 회고적이고, 덜 자기 성찰적인 방법이라는 점에서 어느 정도 일리가 있는 말이기도 하다.

로고테라피는 미래, 즉 환자가 미래에 성취해야 할 의미에 초점을 맞춘다(실제로 로고테라피는 의미에 중점을 둔 정신 치료법이다). 동시에 로고테라피는 정신 질환을 일으키는 데 아주 커다란 역할을 하는 '악순환의 고리(vicious circle formation)'와 '피드백 기제(feedback mechanism)'를 약화시킨다. 그렇게 해서 정신 질환 환자에게 전형적인 자기 집중 증상이 발생하고 깊어지는 것을 막는다.

물론 이런 설명이 지나치게 단순화된 것임은 틀림없다. 그러나 실제로 로고테라피는 환자가 삶의 의미와 마주하고, 그 의미를 향해 나아갈 수 있도록 도와준다. 이렇게 환자 스스로 삶의 의미를 깨닫도록 돕는 것은, 정신병을 극복할 수 있도록 환자의 능력을 향상시키는 데 큰 도움이 된다.

이제 이 이론에 왜 '로고테라피(Logotherapy)'라는 이름을 붙였는지 얘기하겠다. 로고스(Logos)는 '의미'를 뜻하는 그리스어이다. 로고테라피는 일부 학자들이 '빈 제3정신 의학파'라고도 부르는 이론으로, 인간 존재의 의미와 의미를 찾아 나가는 인간 의지에 초점을 맞춘다. 로고테라피 이론에서는 인간이 자신의 삶에서 의미를 찾고자 하는 노력을 인간의 원초적인 동력으로 본다. 내가 로고테라피를 프로이트 학파가 중점을 두고 있는 쾌락의 원칙(혹은 쾌락을 찾고자 하는 의지라고 부를 수도 있을 것이다)이나 아들러 학파에서 '우월하려는 욕구'로 부르는 권력에의 추구와 대비해 '의미를 찾고자 하는 의지'라고 부르는 이유가 바로 여기에 있다.

의미를 찾고자 하는 의지

인간이 의미를 찾고자 하는 마음은 삶에서 주요한 동기이며, 본능적 충동의 '이차적 합리화'가 아니다. 이 의미는 유일하고 개별적인 것이라 반드시 그 사람이 실현해야 하고, 또 그 사람만이 실현할 수 있다. 그렇게 해야만 의미를 찾고자 하는 그 자신의 의지를 충족시킨다는 의의가 있다.

어떤 학자들은 의미와 가치가 방어 기제(defense mechanism), 반동 형성(reaction formation), 승화(sublimation)에 불과하다고 주장하기도 한다. 내 경우를 얘기하자면, 나는 단지 '방어 기제'를 위해 살고 싶지도 않고, 단지 내 '반동 형성'을 위해 죽을 준비가 된 것도 아니다. 그러나 인간은 자신의 이상과 가치를 위해 살 수 있는 존재이며, 심지어 그것을 위해 죽을 수도 있는 존재다!

몇 년 전 프랑스에서 설문 조사를 했는데, 89퍼센트의 사람들이 인간에게는 살아야 할 의미를 주는 '그 무엇'이 필요하다고 응답했다. 그중 61퍼센트는 그것을 위해 기꺼이 목숨을 내놓을 수 있는 '어떤 것'과 '어떤 사람'이 있다고 대답했다.

그 후 나는 빈에 있는 내 진료소에서 환자와 병원 직원을 대상으로 같은 종류의 설문을 했다. 그 결과 프랑스에서 수천 명의 사람을 대상으로 했던 것과 비슷한 결과가 나왔다. 불과 2퍼센트밖에 차이가 나지 않았다.

존스홉킨스 대학교 사회 과학자들이 48개 대학 7,948명의 학생을 대상으로 또 다른 통계 조사를 시행했다. 이들이 작성한 예비 보고서는 국립정신건강연구소의 지원을 받아 2년 동안 진행된 연구 프로젝트의 일환이다. 설문에서 자신에게 '가장 중요한 것'이 무엇이냐는 질문에 학생 16퍼센트가 '돈을 많이 버는 것'이라고 대답했고, 78퍼센트는 첫 번째 목표가 '자기 삶의 목표와 의미를 찾는 것'이라고 했다.

물론 마음속에 숨겨진 내적 갈등을 감추려고 가치에 관심을 두는 것처럼 위장할 수도 있다. 하지만 만약 그렇더라도 그것은 어디까지나 예외적인 경우이지, 언제나 그런 것은 아니다. 이런 경우, 우리는 거짓 가치의 문제를 처리하고 그 가면을 벗겨 내야만 한다. 하지만 가면을 벗기는 작업도 인간의 진정하고 순수한 욕구, 즉 자기 삶의 소망에 의미를 부여하고 싶은 욕구와 만나면 즉시 중단돼야 한다. 만약 그때 중단하지 않으면 '가면을 벗기는 심리학자'가 실제로 벗기는 것은 자신의 '숨겨진 동기', 즉 인간에 내재한 순수한 것, 진정으로 인간적인 것을 무시하고 깎아내리려는 무의식적인 욕구이다.

실존적 좌절

의미를 찾으려는 인간 의지도 좌절당할 수 있다. 이것을 로고테라피에서는 '실존적 좌절'이라고 한다. 여기서 '실존적'이라는 단어는 세 가지 의미로 쓰일 수 있다.

1. 존재 그 자체, 즉 인간 특유의 존재 방식
2. 존재의 의미
3. 각 개인의 삶에서 구체적인 의미를 찾아내려는 노력, 즉 의미를 찾으려는 의지

실존적 좌절 역시 정신 질환을 초래할 수 있다. 정신 의학에서는 그동안 심인성 노이로제라고 했지만, 로고테라피에서는 이것을 누제닉(Noögenic, 그리스어로 *noös*는 마음을 뜻한다) 노이로제라고 부른다. 누제닉 노이로제는 병의 원인을 심리적인 것에 두지 않고 인간 실존의 정신론적 차원에 둔다. 이것은 인간 고유 영역과 관련된 모든 것을 가리키는 또 다른 로고테라피 용어이다.

누제닉 노이로제

누제닉 노이로제(Noögenic neurosis)는 욕구와 본능의 갈등 때문에 생기는 것이 아니라 실존적인 문제 때문에 생긴다. 이 문제 중에서 의미를 찾으려는 의지의 좌절이 가장 비중이 크다.

누제닉 노이로제에서는 로고테라피가 일반적인 심리 요법보다 더 적절하고 완전한 치료법인 것은 틀림없는 사실이다. 이 치료법은 인간 고유의 영역으로 과감하게 들어간다.

이제 실례를 하나 들어 보겠다. 미국의 한 고위 외교관이 빈에 있는 내 진료소를 찾았다. 5년 전부터 뉴욕에서 받아 온 정신 분석 치료를 계속하기 위해서였다. 상담을 시작했을 때 나는 그에게 왜 분석을 받아야겠다고 생각했는지, 처음에 어떤 이유로 분석을 받기 시작했는지 물었다. 그 결과 환자가 자기 직업에 불만이 있으며, 미국의 외교 정책을 수행하는 데 커다란 어려움을 느끼고 있다는 사실이 밝혀졌다. 하지만 뉴욕의 분석가는 그에게 아버지와 화해하도록 노력해야 한다는 말을 하고, 또 했다고 한다. 그의 상관들과 미국 정부는 단지 아버지의 이미지에 '불과할 뿐'이고, 결과적으로 직업에 대한 불만은 그가 아버지에게 무의식적으로 품고 있는 증오에서 나온 것이라는 해석이었다.

5년이라는 세월에 걸쳐 분석을 받는 동안, 환자는 분석가의 해석을 점점 받아들이게 됐다. 그래서 마침내 상징과 표상의 나무로 가려진 숲의 실체를 볼 수 없게 되고 말았다. 몇 번 상담해 본 결과, 의미를 찾고자 하는 그의 의지가 직업에 의해 좌절됐으며, 사실은 다른 일을 하고 싶어 한다는 게 밝혀졌다. 일을 그만두고 다른 일을 시작해서는 안 될 이유가 없었기 때문에 그렇게 했고, 결과는 대만족이었다.

최근에 그로부터 소식을 들었다. 5년이 지난 지금까지도 새로 찾은 일에 만족하며 살고 있다는 소식이었다. 이 사람의 경우, 내가 정말로 신경 질환 환자를 치료하고 있는지 의심스러울 정도였다. 그에게는 정신 요법은 물론, 로고테라피 치료법을 실행해야 할 필요도 전혀 느끼지 못했다. 이유는 간단했다. 실제로 그는 환자가 아니었기 때문이다.

갈등을 겪는다고 해서 다 신경 질환이라고 말할 수는 없다. 어느 정도의 갈등은 정상적이고 건강한 것이기 때문이다. 비슷한 의미에서 고통이 항상 병적인 현상이라고 할 수는 없다. 특히 고통이 실존적 좌절 때문에 생겼다면, 그것은 신경 질환 증세라기보다는 인간적인 성취로 보아야 할 것이다. 나는 존재의 의미를 찾으려는 노력이나 의미에 대한 의심이 어떤 경우든 병에서 비롯된다거나 혹은 병으로 이어질 거라는 생각을 단호하게 부정한다. 실존적 좌절 그 자체는 병적인 것도, 병원(病原)적인 것도 아니다. 가치 있는 삶에 대한 인간의 관심은 물론이고, 심지어는 그것에 대한 절망도 실존적 고민이지 정신 질환이 아니다. 후자의 견지에서 전자를 해석하다 보면 의사는 환자의 실존적 절망감을 한 움큼의 신경 안정제로 해결하려고 하게 된다. 하지만 의사의 역할은 이런 것이 아니다. 의사는 환자가 실존적 위기를 통해 성장하고 발전할 수 있도록 도와주어야 한다.

로고테라피는 환자 스스로 삶의 의미를 찾도록 도와주는 것을 과제로 삼는다. 그렇게 하려면 환자의 실존 안에 숨겨진 '로고스'를 스스로 깨닫도록 해야 하는데, 이것은 분석적인 과정이다. 이런 점에서 로고테라피는 정신 분석과 유사한 측면이 있다.

하지만 로고테라피가 환자에게 어떤 것을 다시 깨우쳐주는 과정에서는 인간 무의식에 자리 잡은 본능적 요소에 국한하지 않고, 실존적 현실, 즉 의미를 찾고자 하는 의지뿐만 아니라 앞으로 성취해야 할 실존의 잠재적 의미까지도 고려 대상이 된다. 어떤 종류의 분석이든, 심지어 치료 과정에서 정신론적인 것을 인정하지 않는 분석이라도 환자가 자기 존재의 깊숙한 곳에서 정말로 소망하고 있는 것이 무엇인지 깨닫게 하는 것은 중요하다.

로고테라피에서는 인간을 그저 충동과 욕구를 충족시키면서 쾌락을 얻거나, 서로 갈등하는 이드(id)와 자아(ego), 초자아(superego)를 절충시키거나, 사회와 환경에 순응하고 적응하는 데만 관심 있는 존재로 보지 않는다. 그보다는 주된 관심사가 의미를 성취하는 데 있다고 본다는 점에서 로고테라피는 정신 분석과 구별된다.

정신의 역동성

의미를 찾으려는 인간의 노력이 마음에 평온을 가져오기보다 긴장을 불러일으키는 것은 틀림없다. 하지만 내면의 긴장은 정신 건강에 절대적으로 필요한 것이다. 삶에 의미가 있다는 것을 깨닫는 것만큼 최악의 상황에서 살아남는 데 효과적으로 도움이 되는 방법은 없다. '왜 살아야 하는지 아는 사람은 어떤 어려움도 참고 견딘다'라는 니체의 말에는 이런 예지가 담겨 있다. 이 말에서 정신 치료에도 유용한 어떤 좌우명을 찾을 수 있다.

나치 강제 수용소에서는 자기가 해야 할 일이 있다는 것을 아는 사람이 더 잘 살아남았다는 사실을 목격할 수 있었다. 강제 수용소에서의 경험을 쓴 또 다른 사람도, 일본과 북한, 북베트남의 포로 수용소에서 실시한 정신 치료 연구 조사도 똑같은 결론을 내리고 있다.

나의 경우를 예로 들어 보자. 아우슈비츠에 처음 잡혀갔을 때 나는 출판하려고 집필 중이던 원고를 압수당했다.* 이 원고를 새로 쓰고 싶다는 강렬한 열망이 가혹한 환경에서 나를 살아남도록 했던 것은 분명하다. 바이에른의 한 수용소에서 발진 티푸스에 걸려 고열에 시달리고 있을 때, 해방의 날까지 살아남는다면 원고를 다시 쓸 때 도움이 되도록 작은 종잇조각에 수없이 메모했다. 강제 수용소의 어두운 막사 안에서 잃어버린 원고를 다시 쓰는 작업은 내가 죽음의 위험을 극복하는 데 도움을 주었다.

이 이야기에서도 알 수 있는 것처럼, 사람은 어느 정도 긴장 상태에 있을 때 정신적으로 건강하다. 그 긴장이란 이미

* 이 책은 내 첫 번째 책의 초판으로, 영어 번역본은 1955년 뉴욕의 알프레드 A. 크노프 출판사에서 《의사와 영혼: 로고테라피 입문(Doctor and the Soul: An Introduction to Logotherapy)》이라는 제목으로 출판되었다.

성취해 놓은 것과 앞으로 성취해야 할 것 사이의 긴장, 현재의 나와 앞으로 돼야 할 나 사이에 놓인 간극 사이의 긴장이다. 긴장은 인간에게 본래부터 있는 것이고, 정신적으로 잘 존재하는 데 필수 불가결한 것이다.

따라서 우리는 인간 내면에 잠재된 의미를 찾을 수 있도록 도전장을 던지는 일에 주저해서는 안 된다. 그렇게 해야만 그동안 숨어 있던 의미를 찾고자 하는 의지를 일깨울 수 있다. 사람에게 가장 필요한 것은 마음의 안정 혹은 생물학에서 말하는 항상성, 즉 긴장이 없는 상태라고 흔히 말한다. 나는 정신 건강에서 이것처럼 위험천만한 오해는 없다고 생각한다.

인간에게 실제로 필요한 것은 긴장이 없는 상태가 아니라 가치 있는 목표, 자유 의지로 선택한 목표를 위해 노력하고 투쟁하는 것이다. 인간에게 필요한 것은 어떻게 해서든지 긴장에서 벗어나는 것이 아니라 앞으로 성취해야 할 삶의 잠재적인 의미를 밖으로 불러내는 것이다. 인간에게 필요한 것은 항상성이 아니라 정신적인 역동성이다. 말하자면 한쪽 극에는 실현해야 할 의미가, 다른 한쪽 극에는 의미를 실현할 인간이 있는 양극 사이의 실존적 역동성이다.

이것이 정상적인 상황에서만 유효하다고 생각해서는 안

된다. 오히려 신경 질환을 앓고 있는 환자에게 더 효력이 있다. 낡은 아치를 튼튼하게 할 때, 건축가는 오히려 아치에 얹히는 하중을 늘린다. 그래야만 아치를 구성하고 있는 각 부분이 서로 잘 밀착되기 때문이다. 이와 마찬가지로 환자의 정신 건강을 증진시키려는 심리 요법가는 삶의 의미를 갖도록 지도하는 과정에서 환자 마음에 적당한 긴장을 유도하는 것을 주저해서는 안 된다.

지금까지 삶의 의미를 찾도록 하는 것이 환자에게 유익한 영향을 끼친다는 것을 이야기했다. 따라서 지금부터는 요즘 수많은 환자가 고통스러워하고 있는 생각, 즉 자기 삶 전체가 완전히 무의미하다는 생각이 가져다주는 악영향에 관해 얘기해 보겠다. 환자들은 살 만한 가치가 있는 삶의 의미가 무엇인지 잘 모르고 있다. 그들은 내적인 공허, 자신 안의 허무가 늘 따라다니는 것을 느낀다. 내가 '실존적 공허'라고 부르는 상황에 갇혀 고통받고 있는 것이다.

실존적 공허

실존적 공허는 20세기에 광범위하게 퍼져 있는 현상 중 하나이다. 이는 충분히 납득할 수 있는 현상으로, 인간이 진정한 의미의 인간이 된 후에 겪어야 했던 두 가지 손실에서 비롯된 것이다.

인류 역사가 시작될 때 인간은 동물적인 본능의 일면을 잃었다. 본능에 따라 행동함으로써 자신을 안전하게 지킬 수 있는 본능을 잃어버린 것이다. 낙원에서나 얻을 수 있는 안전함은 이제 인간에게 영원히 불가능한 것이 됐으며, 인간은 선택해야 하는 상황에 놓였다.

여기에 덧붙여 근래 들어 인간은 또 다른 상실감을 맛보게 됐는데, 그것은 그간 자기 행동을 지탱해 주던 전통이 빠른 속도로 와해되고 있다는 사실이었다. 이렇게 해야 한다고 말해 주는 본능도 없고, 이렇게 해야 한다고 가르쳐 주는 전통도 없다. 어떤 때는 자기가 정말로 무엇을 원하는지 모를 정도가 됐다. 그 결과 남이 하는 대로 따라 하거나(동조주의) 아니면 남이 시키는 대로(전체주의) 하는 사람이 되어 버렸다.

최근 내가 가르치고 있는 유럽 학생을 조사했더니 전체

의 25퍼센트가 크든 작든 실존적 공허감을 느끼고 있는 것으로 나타났다. 미국 학생 중에서는 무려 60퍼센트가 이런 공허감을 느끼고 있었다.

실존적 공허는 대개 권태를 느끼는 상태에서 나타난다. 인간은 고민과 권태의 양극단을 끊임없이 오가도록 운명 지어진 존재라는 쇼펜하우어의 말이 이해가 갈 것이다. 실제로 요즘은 권태가 고민보다 더 많은 문제를 일으키고, 이 문제 때문에 정신과 의사를 찾는 경우가 더 많은 것이 확실하다. 이 문제는 앞으로 점점 더 증가할 것으로 보인다. 자동화 과정으로 근로자에게 여가가 엄청나게 늘어날 것이기 때문이다. 애석한 것은 많은 사람이 새로 얻게 된 한가한 시간을 어떻게 보내야 할지 모른다는 데 있다.

'일요병'을 예로 들어 보자. 일요병은 눈코 뜰 새 없이 바빴던 한 주일을 보내고 내면의 공허감이 밀려올 때, 자기 삶에 아무런 의미가 없다는 것을 깨닫게 된 사람이 겪는 일종의 우울증이다. 자살의 상당수가 바로 이런 실존적 공허 때문에 일어난다. 현대 사회에 만연한 우울증과 공격성, 중독증의 원인이 무엇인지 알려면 그 저변에 깔린 실존적 공허를 먼저 이해해야 한다. 연금 생활자나 나이 든 노인이 느끼는 위기감 역시 이와 같은 종류의 것이다.

게다가 실존적 공허는 가면을 쓰거나 위장한 형태로 나타나기도 한다. 의미를 찾고자 하는 의지가 좌절되면 사람들은 권력욕으로 좌절을 대신 보상받으려고 하는데, 여기에는 아주 원시적인 형태의 권력욕인 돈에 대한 욕구도 포함된다. 한편 의미를 찾으려는 의지가 좌절된 곳에 쾌락을 추구하는 의지가 대신 자리 잡기도 한다. 실존적 좌절을 겪은 사람들이 종종 성적 탐닉에서 보상을 찾으려고 하는 것이 바로 이 때문이다.

정신과 환자에게서도 이와 비슷한 현상이 일어난다. 나중에 다시 얘기하겠지만, 특정한 유형의 피드백 기제와 악순환의 고리가 형성되는 것이다. 이런 징후들이 공허한 상태에 있는 실존에 침입해서 계속 번성하는 것을 수없이 볼 수 있다. 이런 환자는 누제닉 노이로제로 취급해서는 안 된다. 그러나 심리 요법에 로고테라피를 보완하지 않는다면, 환자가 자기 상태를 극복하는 데 성공할 수 없다. 실존적 공허를 채워 줌으로써 병이 재발하는 것을 막을 수 있기 때문이다. 따라서 로고테라피는 앞에서 얘기한 누제닉 노이로제뿐만 아니라 심인성 노이로제는 물론, 신체성 신경 질환에도 두루 적용할 수 있다. 이런 견지에서 볼 때 마그다 B. 아널드*의 다음 말은 일리가 있다고 하겠다.

모든 치료법은 아무리 제한적일지라도, 어느 정도 로고테라피적인 요소를 갖고 있다.

이제 환자가 자기 삶의 의미가 무엇이냐고 물었을 때 우리가 무엇을 할 수 있는지 생각해 보자.

삶의 의미

나는 의사들이 이 질문에 대해 일률적인 대답을 해 줄 수는 없다고 생각한다. 삶의 의미는 사람에 따라, 시기에 따라, 시간에 따라 다르기 때문이다. 중요한 것은 일반적인 삶의 의미가 아니라 주어진 상황에서 한 개인의 삶이 갖는 고유한 의미라고 할 수 있다.

일반적인 삶의 의미를 묻는 것은 체스 챔피언에게 이런 질문을 던지는 것과 같다고 할 수 있다.

* Magda B. Arnold, John A. Gasson, *The Human Person*, Ronald Press, New York, 1954, p.618.

"이 세상에서 가장 절묘한 수는 무엇입니까?"

지금 벌어지고 있는 게임의 판세와 상대편 선수의 개인적인 성향을 고려하지 않은 가장 절묘한 수란 있을 수 없다.

인간 존재도 마찬가지이다. 인간은 삶의 추상적인 의미를 추구해서는 안 된다. 사람에게는 누구나 구체적인 과제를 수행하기 위한 특정한 일과 사명이 있다. 이 일에 있어서 그를 대신할 수 있는 사람은 아무도 없으며, 그의 삶 역시 반복될 수 없다. 따라서 개인에게 부과된 임무는, 그것을 실현하기 위해 찾아오는 특정한 기회만큼이나 유일한 것이다.

삶에서 마주치는 각각의 상황이 한 인간에게는 도전이자 해결해야 할 문제를 제시하므로, 실제로는 삶의 의미를 묻는 말이 바뀔 수도 있다. 궁극적으로 인간은 자기 삶의 의미가 무엇이냐를 물어서는 안 된다. 그보다는 이런 질문을 던지는 사람이 바로 '자기'라는 것을 인식해야만 한다. 다시 말해 인간은 삶으로부터 질문을 받고 있으며, 자신의 삶에 '책임을 짐으로써'만 삶의 질문에 대답할 수 있다는 말이다. 오로지 책임감을 갖는 것만으로 삶에 응답할 수 있다. 따라서 로고테라피에서는 책임감을 인간 존재의 본질로 본다.

존재의 본질

로고테라피에서 책임감을 강조한다는 사실은 다음과 같은 로고테라피의 행동 강령에도 잘 나타나 있다.

> 인생을 두 번째로 살고 있는 것처럼 살아라. 지금 당신이 막 하려고 하는 행동이 첫 번째 인생에서 이미 그릇되게 했던 바로 그 행동이라고 생각하라.

이 말처럼 인간의 책임감을 자극하기에 좋은 말도 없다는 생각이 든다. 이 말을 듣는 사람은 첫째 현재가 과거라고 상상하게 될 것이고, 둘째 과거가 아직도 바뀌고 수정될 수 있다고 생각하게 될 것이다. 이런 교훈은 인간에게 삶의 '유한성'은 물론, 자신과 자신의 삶으로부터 성취해 낸 성과의 '궁극성'과도 대면하게 만든다.

로고테라피는 환자가 무엇을 책임져야 하는지 분명히 깨닫도록 하고자 노력한다. 무엇을 위해, 무엇에 대해, 혹은 누구에게 책임져야 하는지의 문제는 전적으로 환자 스스로의 판단에 맡긴다. 심리 치료사 중에서도 로고테라피 치료사가 환자에게 가치 판단을 강요하고자 하는 유혹을 가장 덜 받는다. 이들은 환자가 판단의 책임을 의사에게 전가하는 것을 절대로 용납하지 않기 때문이다.

따라서 환자가 자기 삶의 과제를 사회에 대한 책임에서 찾을지 아니면 자기 양심에 대한 책임에서 찾을지 판단하는 것은 스스로의 몫이다. 하지만 사람 중에는 자신의 삶을 단지 자기에게 부과된 임무의 관점에서 해석하지 않고, 임무를 부과한 사람의 관점에서 해석하려는 사람들이 있다.

로고테라피는 가르침이 아니고, 설교도 아니다. 도덕적 훈계와 거리가 먼 것처럼 논리적 추론과도 거리가 멀다. 비유하자면 로고테라피 치료사가 하는 일은 화가보다는 안과 의사가 하는 일에 가깝다. 화가는 자기 눈에 비친 세상의 모습을 우리에게 전하려고 애쓴다. 반면에 안과 의사는 우리가 세상을 있는 그대로 보게 해 주려고 노력한다. 로고테라피 치료사의 역할은 환자의 시야를 넓히고 확장하는 일이다. 그럼으로써 잠재된 의미의 전체적인 스펙트럼을 환자가 인식하고 볼 수 있도록 해 준다.

인간은 책임감을 갖고, 잠재된 삶의 의미를 실현해야 한다는 주장을 통해 내가 강조하고 싶은 것은 진정한 삶의 의미는 인간 내면이나 정신에서 찾을 것이 아니라 이 세상에서 찾아야 한다는 사실이다. 이런 구조적 특성을 나는 '인간 존재의 자기 초월'이라고 이름 지었다. 이 말은 인간은 항상 자기 자신이 아닌 그 어떤 것, 혹은 그 어떤 사람을 지향하거나 그쪽으로 주의를 돌린다는 것을 의미한다. 그것은 성취해야 할 의미일 수도 있고, 혹은 대면해야 할 사람일 수도 있다. 자기 자신을 잊으면 잊을수록(스스로 봉사할 이유를 찾거나 누군가에게 사랑을 주는 것을 통해) 더 인간다워지고 자기 자신을 더 잘 실현하게 된다. 소위 자아실현이라는 목표는 결코 실현할 수 있는 목표가 아니다. 자아실현을 갈구하면 할수록, 더욱더 그 목표에 이르지 못하게 된다. 다시 말해 자아실현은 자기 초월의 부수적인 결과로서만 얻어진다는 말이다.

이제 우리는 삶의 의미란 끊임없이 변하지만 절대로 없어지지 않는다는 것을 알았다. 로고테라피에 따르면, 우리는 삶의 의미를 세 가지 방식으로 찾을 수 있다.

1. 무엇인가를 창조하거나 어떤 일을 함으로써
2. 어떤 일을 경험하거나 어떤 사람을 만남으로써
3. 피할 수 없는 시련에 대해 어떤 태도를 보이기로 결정함으로써

첫 번째를 완수하고 달성하는 방법은 아주 분명하다. 하

지만 두 번째와 세 번째에는 부연 설명이 약간 필요할 것 같다.

삶에서 의미를 찾아내는 두 번째 방법은 무언가(선이나 진리, 아름다움)를 경험하고, 자연과 문화를 체험하거나, 마지막으로 가장 중요한 것은 다른 사람을 유일한 존재로서 체험하는 것, 즉 그 사람을 사랑하는 것을 말한다.

사랑의 의미

사랑은 다른 사람의 인간성을 가장 깊은 곳까지 파악할 수 있는 유일한 방법이다. 사랑하지 않고서는 누구도 그 사람의 본질을 완전히 파악할 수 없다. 사랑으로써 사람은 사랑하는 사람이 지닌 본질적인 특성과 개성을 볼 수 있으며, 더 나아가 그 사람이 잠재적으로 가지고 있는 것, 아직 실현되지 않았지만 앞으로 실현할 것이 무엇인지도 볼 수 있다. 그뿐만 아니라 인간은 사랑의 힘으로 자기가 사랑하는 사람이 잠재력을 발휘하도록 도와줄 수 있다. 사랑하는 사람에게 자신이 할 수 있는 일이 무엇인지, 자신이 어떻게 돼야 하는지를 깨닫게 해 잠재 능력을 실현하게 하는 것이다.

로고테라피에서는 사랑을 소위 승화라는 의미에서의 성적 충동이나 본능의 단순한 부수 현상(일차적 현상의 결과로 발생하는 현상)으로 해석하지 않는다. 사랑은 섹스와 마찬가지로 지극히 근원적인 하나의 현상이다. 섹스는 사랑을 표현하는 하나의 방식이다. 섹스는 그 안에 사랑이 담기는 순간, 아니 사랑이 담겨 있을 때만 정당화될 수 있을 뿐만 아니라 심지어 신성화될 수도 있다. 따라서 사랑을 섹스의 부산물 정도로만 이해해서는 안 된다. 그보다는 오히려 섹스를 사랑이라 불리는 궁극적인 합일의 경험을 표현하는 수단으로 보아야 할 것이다.

세 번째로 삶의 의미를 찾는 방법은 시련을 통해서이다.

시련의 의미

아무리 절망스러운 상황이라도, 도저히 피할 수 없는 운명과 마주쳤을 때도 삶의 의미를 찾을 수 있다는 사실을 잊어서는 안 된다. 그것을 통해 단 하나뿐인 인간의 잠재력이 최고조에 달하는 것을 볼 수 있기 때문이다. 잠재력은 개인의 비극을 승리로 만들고, 곤경을 인간적 성취로 바꾸어 놓는다. 상황을 더는 바꿀 수 없을 때(수술할 수 없는 암 같은 불치병에 걸렸다고 생각해 보자) 우리 자신이 변해야 한다.

명확한 사례를 하나 들어 보겠다. 한번은 나이 지긋한 개업의 한 사람이 우울증 때문에 상담을 받으러 왔다. 그는 2년 전에 세상을 떠난 아내에 대한 상실감을 극복하지 못했다. 그는 이 세상 누구보다 아내를 사랑했다. 그를 어떻게 도울 수 있을까? 어떤 말을 해 주어야 할까?

나는 그에게 아무 말도 하지 않고, 대신 질문을 던졌다.

"만약 선생님이 먼저 죽고 아내가 살아남았다면 어떻게 됐을까요?"

그가 말했다.

"오 세상에! 아내에게는 아주 끔찍한 일이었을 겁니다. 그걸 어떻게 견디겠어요?"

내가 말했다.

"그것 보세요. 선생님, 부인께서는 그런 고통을 피하신 겁니다. 부인이 그런 고통을 겪지 않게 한 게 바로 선생님입니다. 그 대가로 지금 선생께서 살아남아 부인을 애도하는 것이 틀림없습니다."

그는 조용히 일어서서 내게 악수를 청한 후 진료실을 나갔다. 어떤 의미에서 시련은 그 의미(예를 들어 희생의 의미 같은)

를 알게 되는 순간 시련이기를 멈춘다.

물론 이것은 정상적인 의미의 치료가 아니었다. 첫째 그의 절망은 병이 아니었으며, 둘째 내가 그의 운명을 바꿀 수 없었고, 그의 아내를 살릴 수도 없었기 때문이다. 그러나 바로 그 순간 나는 바뀔 수 없는 운명에 대한 그의 태도를 바꾸는 데 성공했다. 그래서 이제 그는 최소한 자기가 겪고 있는 시련의 의미를 찾게 됐다.

인간의 주된 관심이 쾌락을 얻거나 고통을 피하는 데 있는 것이 아니라 삶에서 의미를 찾는 데 있다는 것은 로고테라피의 기본 신념 중 하나이다. 그렇기 때문에 시련에 의미가 있다면, 인간은 기꺼이 그 시련을 견딘다.

하지만 여기서 확실하게 밝혀 두어야 할 것이 있다. 의미를 발견하는 데 시련이 '꼭 필요한' 것은 아니라는 사실이다. 나는 단지 시련 속에서도, 그 시련이 피할 수 없는 시련이라면 의미를 찾을 수 있다는 말을 하고 싶었을 뿐이다. 그러나 만약 피할 수 있는 시련이라면, 심리적인 것이든, 신체적인 것이든, 정치적인 것이든 시련의 원인을 제거하는 것이 인간이 취해야 할 의미 있는 행동이다. 불필요하게 고통을 감수하는 것은 영웅적인 행동이 아니라 자기 학대에 불과하다.

고인이 된 조지아 대학 심리학 교수 에디트 바이스코프 요엘슨(Edith Weisskopf-Joelson)은 로고테라피에 관한 논문에서 다음과 같이 주장했다.

> 오늘날 정신 건강 철학은 인간은 반드시 행복해야 하며, 불행은 부적응의 징후라는 생각을 강조하고 있다. 이런 가치 체계가 불행하다는 생각 때문에 점점 더 불행해지면서 피할 수 없는 불행의 짐이 더욱 가중되는 상황을 만들어 온 것이다.*

또 다른 논문에서 그녀는 시련을 당하는 사람들은 '불행할 뿐만 아니라 이렇게 불행하다는 사실을 부끄럽게 여기고 있다'**라고 하면서 '피할 수 없는 시련을 겪고 있는 사람이 자신의 시련에 수치심보다는 자부심을 느끼고, 그것을 품위 있는 것으로 여길 기회를 조금도 주지 않는 미국 문화의 잘

* "Some comments on a Viennese School of Psychiatry," *The Journal of Abnormal and Social Psychology*, 51(1955), pp.701~703.

** "Logotheraphy and Existential Analysis," *Acta Psychotherapeutica*, 6(1958), pp.193~204.

못된 풍토를 바로잡는 데 로고테라피가 크게 기여할 것'이라는 희망을 피력한 바 있다.

사람은 자기 일을 할 기회나 혹은 자기 인생을 즐길 기회를 박탈당하는 상황에 부닥칠 수 있다. 그런데 이럴 때 절대로 무시할 수 없는 것이 바로 시련의 불가피성이다. 이런 시련의 도전을 용감하게 받아들이면, 삶은 마지막 순간까지 의미를 갖게 되며, 의미는 글자 그대로 죽을 때까지 보존된다. 다시 말해 삶의 의미는 절대적이다. 피할 수 없는 시련의 잠재적인 의미까지 담고 있기 때문이다.

내가 강제 수용소에서 가장 절실하게 느꼈던 것을 얘기해 보겠다. 정확한 통계를 통해서도 입증됐지만, 당시 수용소에서 살아남을 확률은 스물여덟 명 중 한 명도 채 안 됐다. 내가 아우슈비츠에 도착했을 때, 외투 안에 숨긴 내 첫 번째 책의 원고를 구할 가능성은 전혀 없어 보였다. 나는 내 정신적 자식을 잃는 고통을 감내하고 극복해야 했다. 이제 나에게는 아무것도, 어느 누구도 남아 있지 않은 것처럼 보였다. 육신의 자식은 물론, 정신의 자식도! 그런 상황에서 내 삶이 궁극적으로 아무런 의미가 없을지 궁금해졌다.

그때까지도 나는 그렇게 치열하게 고민하던 이 의문에 대한 해답을 내가 이미 갖고 있었으며, 그 답이 곧 주어질 것이라는 사실을 깨닫지 못하고 있었다. 그것을 깨달은 것은 아우슈비츠 기차역에 도착하자마자 내가 입고 있던 옷을 벗고, 대신 곧 가스실로 보내진 수감자의 누더기를 물려받았을 때였다.

그동안 써 놓았던 책의 원고를 빼앗긴 대신, 나는 물려받은 외투에서 히브리 기도 책에서 찢어 낸 종이 한 장을 발견했다. 유대교 기도문 중에서도 가장 중요한 〈셰마 이스라엘〉이었다. 이렇게 기막힌 '우연의 일치'를 단지 종이에 적지만 말고 그대로 '살아라' 하는 신의 계시로 해석하지 않을 수 없었다.

그로부터 얼마 후, 나는 곧 죽을 것 같다고 생각했던 것으로 기억한다. 하지만 이런 가혹한 상황에서 내 관심사는 동료 대부분과 달랐다. 그들이 궁금한 것은 이랬다. "우리가 수용소에서 살아남을 수 있을까? 그렇지 않으면 이 모든 시련이 아무런 의미가 없는데." 하지만 내 의문은 이런 것이었다.

"옆에서 사람들이 죽어 나가는 이 모든 시련이 의미 있을까? 그렇지 않다면 궁극적으로 여기서 살아남아야 할 의미가 없지 않은가. 탈출하느냐 마느냐와 같은 우연에 의미가 좌우되는 삶이라면 그것은 전혀 살아갈 가치가 없는 삶이 아닐까."

임상을 넘어선 문제들

요즘은 신경 질환보다 개인적인 문제 때문에 정신과 의사를 찾는 환자들이 점점 더 많아지고 있다. 그런 사람 중에는 옛날 같으면 정신과 의사 대신 목사와 신부, 랍비를 찾아갔어야 하는 사람도 있다. 그런데 지금은 성직자에게 가지 않고, 의사를 찾아와서는 이렇게 묻는다.

"내 삶의 의미는 무엇입니까?"

로고드라마

예를 하나 들려고 한다. 어느 날, 열한 살짜리 아들을 잃은 후 자살을 기도했던 한 어머니가 우리 병원으로 왔다. 쿠르트 코코우렉(Kurt Kocourek) 박사는 그녀에게 집단 심리 치료 모임을 권했다. 우연히 나는 박사가 사이코드라마를 진행하는 방에 들어가게 되었다.

그녀는 자기 이야기를 했다. 아들이 죽고, 그녀는 소아마비의 후유증으로 다리를 못 쓰는 큰아들과 단둘이 남겨졌다. 그 불쌍한 소년은 휠체어를 타고 다녀야 했다. 그녀가 자기 운명에 반기를 들고 아들과 함께 자살하려고 했을 때, 그녀를 막은 것은 바로 큰아들이었다. 그는 살고 싶었던 것이다. 그에게 삶은 여전히 의미 있는 것이었다. 그런데 왜 어머니는 그렇지 못한 것일까? 어떻게 해야 그녀의 삶이 의미를 갖게 될까? 그녀가 그것을 깨닫도록 우리가 도와줄 방법은 없는 것일까?

즉석에서 나는 토론에 참여했다. 그리고 그 모임에 있던 다른 여성에게 질문을 던졌다. 나이를 묻자 그녀는 대답했다.

"서른 살이에요."

"이제는 서른이 아니라 여든 살이고, 지금 임종을 앞두고 있다고 생각해 봅시다. 당신은 그동안 살아온 삶을 돌아보고 있습니다. 아이는 없지만, 돈을 많이 벌었고 사회적인 지위도 얻은 풍족한 삶이었지요."

나는 이렇게 말한 다음, 그녀가 이런 상황이라면 어떤 생각을 할지 상상해 보도록 했다.

"어떤 생각이 들까요? 자신에게 뭐라고 얘기할까요?"

여기에 당시 녹음했던 테이프에 담긴 그녀의 말을 그대로 적어 보겠다.

"아! 나는 백만장자와 결혼했고, 부귀영화를 누리며 쉽게 살았지요. 원도 한도 없이 살았어요. 남자와 연애도 하고, 남자를 갖고 놀기도 했지요. 그런데 여든 살인 지금 내가 낳은 자식이 하나도 없네요. 늙어서 과거를 돌아보니 그 모든 것이 과연 무엇을 위한 것이었나 하는 생각이 듭니다. 내 인생은 사실상 실패한 것이라고 얘기할 수밖에 없을 것 같군요."

그런 다음 나는 장애인 아들을 둔 여성에게도 스스로 자기 인생을 돌아보도록 했다. 테이프에 녹음된 그녀의 말을 그대로 적어 보면 다음과 같다.

"나는 아이를 갖길 원했고, 소망은 이루어졌습니다. 아들 하나는 죽었고, 또 다른 아들은 장애인입니다. 아들은 만약 내가 돌봐주지 않았으면 아마 보육 시설로 보내졌을 겁니다. 비록 다리를 못 쓰고, 남의 도움이 필요하지만, 내 아들입니다. 아들을 위해 가능한 한 모든 것을 다 해 주었고, 내 아들이 더 훌륭한 인간이 되도록 키웠습니다."

그 순간, 그녀는 눈물을 쏟았고, 울면서 말을 이었다.

"제 얘기를 하자면, 저는 제 삶을 평온한 마음으로 돌아볼 수 있습니다. 의미가 충만한 삶이었고, 그것을 성취하고자 노력했다고 말할 수 있기 때문입니다. 저는 최선을 다했습니다. 제 아들을 위해서도 최선을 다했습니다. 제 삶은 절대로 실패한 삶이 아닙니다."

임종의 순간을 맞아 과거를 돌아본다고 생각하자 그녀는

갑자기 자기 삶이 갖는 의미, 그녀의 고통까지 포함된 자기 삶의 의미를 볼 수 있게 됐다. 이와 함께 아주 짧은 삶, 예를 들어 그녀의 죽은 아들처럼 짧은 삶이어도 80년의 긴 삶보다 더 깊은 의미를 지닌 사랑과 기쁨으로 풍요로울 수 있다는 사실이 분명해졌다.

잠시 후 나는 다른 질문을 던졌다. 이번에는 내가 직접 이야기했다. 소아마비 혈청 연구에 사용되는 실험용 원숭이는 끊임없이 주삿바늘에 찔리고 또 찔리는 고통을 겪는다. 원숭이는 과연 자기가 겪는 고통의 의미를 알 수 있을까? 모임에 있는 사람들이 입을 모아 아니라고 대답했다. 원숭이의 지능으로 볼 때, 원숭이는 인간 세계, 즉 고통의 의미를 이해할 수 있는 세계로 들어올 수 없다는 것이었다.

그 말을 듣고 나는 이렇게 물었다.

"그렇다면 인간은 어떻습니까? 여러분은 인간이 삼라만상의 진화 과정에서 종착역이라고 생각하십니까? 인간 세계를 초월하는 또 다른 차원이 있을 수 있다는 생각은 안 해 보셨나요? 인간이 겪는 시련의 궁극적인 의미에 해답을 찾을 수 있는, 그런 또 다른 차원의 세계 말입니다."

초의미

이 궁극적인 의미는 인간이 지닌 지적 능력의 한계를 넘어서는 것이다. 로고테라피에서는 이것을 초의미(super-meaning)라고 부른다. 인간에게 필요한 것은 실존 철학자들이 가르친 대로 삶의 무의미함을 참고 견디는 것이 아니라 그것이 지닌 절대적인 의미를 합리적으로 터득하지 못하는 자신의 무능함을 인정하는 것이다. 로고스는 논리보다 심오하다.

초의미 개념을 잘 알지 못하는 정신 의학자는 머지않아 환자들로부터 당혹스러운 질문을 받게 될 것이다. 내가 여섯 살짜리 딸에게 받았던 질문처럼.

"아빠, 왜 우리는 '선하신' 하나님이라고 하지요?"

딸아이의 질문에 나는 이렇게 대답했다.

"얘야. 몇 주일 전에 네가 홍역에 걸려 고생하고 있었지. 그런데 그때 '선하신' 하나님께서 너를 낫게 해 주셨잖니?"

꼬마는 수긍할 수 없었던 모양인지 이렇게 반박했다.

"하지만 아빠, 이걸 잊지 마세요. 처음에 홍역에 걸리게 한 것은 바로 하나님이에요."

환자가 종교적으로 깊은 신앙심을 갖고 있다면, 그 종교적 신념을 바탕으로 치료 효과를 높이고, 그렇게 함으로써 그가 지닌 영적인 자원을 끌어내는 것을 굳이 반대할 이유는 없다. 그러려면 정신 의학자는 자기 자신이 환자 입장에 서야 한다.

동유럽 출신의 랍비 한 사람이 나를 찾아와 자기 얘기를 들려주었을 때, 나는 바로 이런 태도를 보였다. 그의 첫 번째 아내와 아이 여섯 명은 아우슈비츠 강제 수용소에서 가스실로 보내졌다. 그 후 두 번째 아내를 얻었는데, 그녀는 아이를 낳지 못했다. 나는 아이를 낳는 것이 삶의 유일한 의미가 아니라고 말했다. 그것이 유일한 의미라면 삶 그 자체는 의미 없는 것이 되고, 의미 없는 것이 영원히 지속된다는 사실만으로 의미를 갖지 못하기 때문이다. 하지만 랍비는 정통 유대인으로서, 자기가 죽은 후 카디시*를 올려 줄 아들이 없다는 절망 속에서 자기 고통을 받아들였다.

하지만 나는 포기하지 않았다. 그를 돕기 위한 마지막 시도로 죽은 후 하늘나라에서 아이들을 다시 보고 싶지 않냐고 물었다. 그 말을 듣자마자 그는 울음을 터뜨렸다. 그가 절

* 죽은 사람을 위한 기도

망하는 이유의 실체가 드러났다. 아이들은 죄 없이 순진무구한 상태에서 순교**했기 때문에 하늘나라에서 가장 높은 자리에 있을 것이 분명하지만, 자기는 늙고 죄가 커 아이들이 있는 곳에 갈 수 없을 것 같다고 말했다.

나는 이에 포기하지 않고 반론을 제기했다.

"랍비님. 바로 그 때문에 선생이 아이들보다 오래 살아남았다고 생각할 수는 없습니까? 시련을 겪으면서 선생의 영혼은 깨끗하게 됐습니다. 비록 선생의 아이들만큼 깨끗하지는 않지만, 그래도 하늘나라에서 아이들과 같은 곳에 있게 될 정도는 되지 않았을까요? '너희가 흘린 눈물을 내가 다 알고 있노라'라고 〈시편〉에도 쓰여 있지 않습니까?*** 선생이 겪은 시련이 결코 헛된 것이 아닐 겁니다."

실로 몇 년 만에 처음으로 그는 내가 열어 준 새로운 관점으로 고통에서 벗어나 안식을 얻을 수 있었다.

** *L'kiddush hashem*, 신의 이름으로 신성하게 되었으므로

*** 내 마음이 몇 번이나 흔들렸는지 주께서 다 아시니 내 눈물을 주의 병에 담으소서. 이것이 주의 책에 기록되지 아니 하였나이까. _〈시편〉 56장 8절

삶의 일회성

인간의 삶에서 의미를 빼앗아 가는 것은 고통만이 아니다. 죽음도 그렇다. 하지만 나는 인생에서 정말로 덧없는 것이 있다면 그것은 잠재 가능성이라는 말을 입이 닳도록 해왔다. 가능성은 실현되는 순간 바로 현실이 되고, 과거로 옮겨진다. 그렇게 과거가 됨으로써 일회성을 탈피하고 영원한 실체로 보존된다. 그런 의미로 과거에는 돌이킬 수 없는 상실이라는 것이 있을 수 없으며, 모든 것이 그대로 보존된다.

따라서 삶이 일회적이라고 해서 그것이 의미 없다고 말할 수는 없을 것이다. 하지만 삶의 일회성이 우리 책임 아래 있는 것만은 확실하다. 본질적으로 일회적인 잠재 가능성을 우리가 어떻게 실현하느냐에 따라 모든 것이 결정되기 때문이다. 사람은 수많은 현재의 가능성 중에서 끊임없이 선택해야만 한다. 이 중에서 어떤 것을 무위로 돌리고, 어떤 것을 실현할까? 어떤 선택이 단 한 번의 실현을 '시간의 모래 위에 불멸의 발자국'으로 만들 것인가? 언제나 인간은 좋든 싫든 자기 존재의 기념비가 될 만한 결정을 내려야 한다.

인간은 대개 그루터기밖에 남지 않은 일회성이라는 밭만 보고, 행동과 기쁨, 심지어는 고통까지 구원해 준 과거라는 곡창은 그냥 지나치곤 한다. 과거에 모든 것이 이미 이루어져 있으며, 그 어느 것도 사라질 수 없다. 과거에 '그랬다'라는 것처럼 확실한 존재 방식도 없을 것이다.

인간 존재가 본질적으로 일회적이라는 사실을 염두에 두고 있는 로고테라피는 염세적인 것이 아니라 오히려 적극적인 것이다. 비유를 들어 설명해 보자. 염세주의자는 매일같이 벽에 걸린 달력을 찢어 내면서 날이 갈수록 달력이 얇아지는 것을 두려워하고 슬퍼하며 바라보는 사람과 비슷하다. 반면 삶의 문제에 적극적으로 대처하는 사람은 떼어 낸 달력 뒷장에 중요한 일과를 적어 놓고, 순서대로 깔끔하게 차곡차곡 쌓아 놓는다. 거기에 적힌 풍부한 내용, 그동안 충실하게 살아온 삶의 기록에 자부심을 느끼며 즐겁게 반추할 수 있다. 자신이 늙었음을 깨달았을 때 그것이 어떤 의미를 지니게 될까? 젊은이들을 부러워하거나 잃어버린 자신의 청춘에 향수를 가질 이유가 있을까? 무엇 때문에 젊은이를 부러워하겠는가? 젊은이에게 있는 잠재 가능성 때문에? 아니면 그가 지닌 미래 때문에? 천만의 말씀. 그는 이렇게 생각할 것이다.

'가능성 대신에 나는 내 과거 속에 어떤 실체를 갖고 있어. 내가 했던 일, 사랑뿐만 아니라 내가 용감하게 견딘 시련까지도 말이야. 이 고통은 내가 가장 자랑스럽게 생각하는 것이지. 비록 남들이 부러워하지는 않지만 말이야.'

기법으로서의 로고테라피

죽음에 대한 공포와 같은 실제적인 공포는 정신 역동적인 해법으로는 진정시킬 수 없다. 반면에 광장 공포증 같은 신경성 노이로제는 철학적 해법만으로 치유할 수 없다. 하지만 로고테라피에서는 이런 경우도 함께 치료할 수 있는 특별한 기법을 개발했다. 이 기법을 사용할 때 어떤 일이 일어나는지를 이해하기 위해 신경 질환 환자에게 자주 나타나는 증상인 예기 불안(anticipatory anxiety)에서 시작해 보자.

이 증상의 특징은 환자가 두려움을 느끼면 바로 그 증상이 나타난다는 데 있다. 예를 들어 만약 커다란 방에 들어가 많은 사람과 마주치면 얼굴이 빨개지지 않을지 두려워하는 사람은, 실제로 같은 상황에 놓이면 얼굴이 훨씬 더 빨개지는 경향을 보인다. 이런 상황에서는 '소원은 생각의 아버지'라는 말을 '공포는 사건의 어머니'라는 말로 바꿀 수 있을 것이다.

아이러니하게도 공포 때문에 진짜로 두려워하던 일이 일어나는 것과 같은 방식으로, 꼭 하고 싶다는 강한 의욕이 그 일을 불가능하게 만들기도 한다. 과도한 의도, 즉 과잉 의도(hyper-intention)는 성적인 문제로 고생하는 환자에게서 자주 발견된다. 남자가 정력을 과시하려고 하면 할수록, 여자가 오르가슴에 이르는 능력을 보여 주려고 하면 할수록 점점 더 성공할 확률이 떨어진다. 쾌락은 어떤 행위의 부산물이자 파생물로 얻어지는 것이고, 또 그렇게 얻어져야만 한다. 그것 자체가 목적이 되면 파괴되고 망가진다.

과잉 의도 외에도 지나친 주의 집중, 즉 로고테라피에서 말하는 과잉 투사(hyper-reflection)가 발병 원인이 될 수도 있다. 병을 일으킬 수 있다는 말이다. 다음과 같은 임상 보고를 보면 내가 하는 말을 이해할 수 있을 것이다.

어느 날 한 젊은 여성이 찾아와 불감증을 호소했다. 병력을 살펴보니 그녀는 어린 시절 아버지로부터 성적 학대를 받았다고 한다. 그러나 불감증을 느끼는 이유는 충격적인 경험 때문이 아니었다. 그동안 정신 분석에 관한 책을 읽으며, 그녀는 자신의 충격적인 경험이 언젠가는 그 대가를 치르게 될 것이라고 끊임없이 두려워하며 살아왔다는 사실이 밝혀졌다. 이런 예기 불안은 자신의 여성성을 확인하고 싶다는 과도한 의욕과 함께 파트너보다 자기 자신에게 과도하게 집중하는 결과를 낳는다. 이것은 그녀가 성적 쾌락의 절정에 오를 수 없었던 충분한 이유가 된다. 파트너에게 대가 없이 헌신하고 자기 몸을 맡김으로써 의도하지 않은 결과로 오르가슴을 느껴야 하는데, 오르가슴 자체가 의욕과 주의 집중 대상이 됐기 때문이다. 짧은 기간 로고테라피 치료를 받은 후, 오르가슴을 체험하는 능력에 집중됐던 환자의 과잉 의도와 주의 집중은 로고테라피에서 말하는 '역투사(dereflected)' 상태가 됐다. 그녀의 주의가 적절한 대상, 즉 그녀의 파트너에게 맞추어지면서 그녀는 자연스럽게 오르가슴을 느끼게 됐다.*

로고테라피에서 활용하는 '역설 의도(paradoxical intention)' 기법은 다음과 같은 두 가지 사실을 염두에 두고 개발된 것이다. 마음속 두려움이 정말로 두려워하는 일을 생기게 하고, 지나친 주의 집중이 오히려 원하는 일을 불가능하게 한

* 성적인 문제로 고민하는 환자를 위해 로고테라피에서는 과잉 의도와 과잉 투사 이론을 기반으로 한 치료법을 개발했다. Victor E. Frankl, "The Pleasure Principle and Sexual Neurosis," *The International Journal of Sexology*, Vol.5, No.3, 1952, pp.128~130. 로고테라피 원리를 간략하게 소개하는 이 책에서는 다루기 힘든 내용이다.

다는 사실이다. 1939년에 이미 나는 독일에서 역설 의도에 관해 이야기한 적이 있다.** 이런 접근법을 통해 공포증이 있는 환자는 비록 잠시지만 자기가 무엇을 두려워하는지 정확하게 볼 수 있다.

한 가지 사례가 생각난다. 땀을 흘리는 데 공포증이 있는 한 젊은 의사가 나를 찾아왔다. 땀을 많이 흘리겠다고 생각할 때마다 예기 불안이 정말로 땀을 많이 흘리게 만든다는 것이었다. 이 순환 고리를 끊어 버리고자 나는 환자에게 땀을 많이 흘릴 것 같다면, 자기가 얼마나 땀을 많이 흘릴 수 있는지 사람들에게 의도적으로 보여 주겠다는 생각으로 이 문제를 해결하라고 충고했다.

일주일 후 그가 다시 나를 찾아와서 말했다. 예기 불안을 일으킬 만한 사람을 만날 때마다 속으로 이렇게 말했다는 것이다.

"전에는 땀을 한 바가지밖에 안 흘렸지만, 이제 적어도 열 바가지는 흘릴걸."

** Victor E. Frankl, "Zur medikamentösen Unterstützung der Psychotherapie bei Neurosen," *Schweizer Archiv für Neurologie und Psychiatrie*, Vol.43, pp.26~31.

그 결과가 어땠는지 아는가? 공포증으로 4년 동안 고생했던 그가 단 일주일 만에 병에서 해방될 수 있었다.

여기서 독자 여러분은 환자의 태도가 반전됐다는 것을 알 수 있을 것이다. 두려움이 있던 자리에 대신 그 반대되는 소망이 들어간 것이다. 이런 과정을 통해 불안이라는 돛대에서 바람이 빠져나갔다.

이 치료에서는 유머 감각에 내재된, 인간 특유의 자기 분리 능력을 활용해야만 한다. 자기 자신으로부터 스스로를 분리할 수 있는 인간의 기본적인 능력은 역설 의도라는 로고테라피 치료 기법이 적용될 때마다 발휘된다. 동시에 환자는 자신의 신경증으로부터 거리를 둘 수 있게 된다. 이것은 고든 W. 올포트가 쓴《개인과 종교》라는 책에 나온 말과도 일치한다.

> 신경 질환 환자가 자기 자신에 대해 웃을 줄 알게 되면 그것은 그가 자신의 문제를 스스로 처리할 수 있는 상태, 아니 어쩌면 병을 치료할 수 있는 상태에 이르렀다는 것을 의미한다.*

역설 의도는 이런 올포트의 주장을 경험적으로 입증하고

임상적으로 응용한 것이라 할 수 있다.

이 방법을 확실하게 보여 주는 예를 몇 가지 더 들어 보겠다. 다음 환자는 경리 직원이었는데, 여러 병원을 돌아다니며 많은 의사에게 치료받았지만 아무런 소용이 없었다. 내가 일하는 병원 정신과를 찾아왔을 때, 그는 심한 절망감에 빠져 거의 자살 직전까지 왔노라고 고백했다. 몇 년 동안 그는 글씨를 쓰려고 하면 손이 떨리는 증상으로 고생했으며, 그 때문에 이제는 직장에서 쫓겨날 지경에 이르렀다고 했다. 하루빨리 증세를 호전시켜야 할 필요가 있었다.

치료를 시작했을 때, 에바 코즈데라(Eva Kozdera) 박사는 그에게 평소 하던 일과 정반대되는 일을 해 보라고 권했다. 말하자면 되도록 글씨를 깨끗하게 정자로 쓰려고 하지 말고 아무렇게나 휘갈겨 쓰라고 한 것이다. 그러면서 스스로 이렇게 말하라고 했다.

"내가 얼마나 글씨를 엉망으로 쓰는지 사람들한테 있는 그대로 보여 줄 테다."

그는 글씨를 휘갈겨 쓰려고 했지만, 그렇게 할 수가 없었다.

* New York, The Macmillan Co., 1956, p.92.

"글씨를 휘갈겨 쓰려고 했는데 잘 안 되더군요."

그가 다음 날 말했다. 이런 방법으로 그 환자는 48시간 만에 손 떨림 증세로부터 해방될 수 있었으며, 이후 관찰 기간에도 증상이 재발하지 않았다. 그는 다시 행복해졌고, 자기 일을 잘할 수 있게 됐다.

이와 비슷한 사례가 또 있다. 이번에는 글씨 쓰는 것이 아니라 말하는 것에 문제가 있는 환자였다. 어느 날 빈 외래 진료소 이비인후과에 있는 동료가 그를 데려왔다. 그는 내 동료가 치료해 본 환자 중에서 가장 심하게 말을 더듬는 환자였다. 그 환자는 자기가 기억하는 한, 단 한 번만 제외하고는 언어 장애에서 벗어난 적이 없었다고 했다. 그 단 한 번의 예외는 열두 살 무렵 전차에 무임승차했을 때였다. 차장에게 들켰을 때, 그는 이 상황에서 빠져나갈 유일한 방법은 자기가 불쌍한 말더듬이 소년이라는 것을 보여 주어 동정심을 유발하는 것으로 생각했다. 그런데 실제로 말을 더듬으려던 바로 그 순간 말이 더듬어지지 않더라는 것이다. 비록 치료를 위한 것은 아니었지만, 그때 이미 그는 역설 의도를 경험한 셈이다.

지금까지의 이야기를 듣고 역설 의도가 간단한 증상에만 적용되는 것이라고 생각할 수도 있다. 하지만 반드시 그런 것은 아니다. 빈 외래 진료소에서 일하는 내 동료들은 로고테라피 치료 기법으로 정도가 심하고 오래된 강박성 신경질환 환자들을 치료하는 데도 성공했다.

60년 동안 결벽증으로 고생했던 65세 여자 환자의 경우를 얘기해 보겠다. 에바 코즈데라 박사는 역설 의도 기법을 써서 이 환자를 치료했고, 2달 후 환자는 정상적인 생활을 할 수 있게 됐다. 빈 외래 진료소 신경정신과에 오기 전까지 그녀는 "내 삶은 지옥이었다."라고 고백했다. 세균에 감염될지도 모른다는 강박증으로 하루 종일 침대에 누워 집안일을 하나도 할 수 없었다는 것이다. 물론 지금도 그녀가 이런 증상에서 완전히 벗어났다고 말할 수는 없다. 하지만 역설 의도를 적용함으로써 적어도 그녀는 자신의 말대로 '그것에 대해 농담을 할 수 있게' 됐다.

역설 의도는 수면 장애 치료에도 도움이 된다. 불면에 대한 지나친 걱정*은 결국 어떻게든 잠을 자야겠다는 과도한 의욕을 갖게 하는데, 이것이 오히려 잠을 잘 수 없게 만드는

* 불면에 대한 지나친 걱정은 대부분의 경우 우리 몸이 자신에게 꼭 필요한 최소한의 수면을 알아서 취한다는 사실을 환자가 모르기 때문에 생긴다.

것이다. 이런 특별한 두려움을 극복하기 위해 나는 환자에게 잠을 자려고 애쓰지 말고 반대로 가능한 한 오래 깨어 있으라고 권했다. 다시 말해서 어떻게든 잠을 자야겠다는 지나친 집착은 잠을 자지 못할 것이라는 예기 불안에서 생긴 것이므로, 이것을 잠을 자지 않겠다는 역설 의도로 바꾸어 놓아야 한다는 것이다. 그러면 그 즉시 잠이 오게 되어 있다.

역설 의도가 만병통치약은 아니다. 하지만 예기 불안 때문에 생기는 강박 충동 상태와 공포증을 치료할 때는 이 기법이 매우 유용하다. 물론 이것은 단기적인 치료법이다. 하지만 단기적인 치료법이라고 해서 그 효과도 단기적일 것이라고 단정해서는 안 된다. 고 에밀 A. 구트하일(Emil A. Gutheil) 박사는 "치료 기간이 길수록 그 효과도 오래 지속된다."*라고 말했는데, 이것이야말로 프로이트 정통 심리학이 가지고 있는 대표적인 오류라고 할 수 있다.

예를 들어 보자. 내 차트에는 20년 전에 역설 의도 기법으로 치료받은 환자도 있다. 이것은 말할 것도 없이 그 치료 효과가 영구적이라는 것을 입증해 준다.

* *American Journal of Psychotherapy*, 10, 1956, p.134.

가장 놀라운 사실 중 하나는 역설 의도는 발병 원인이 무엇이든 간에 모든 치료에 효과적이라는 것이다. 이것은 에디트 바이스코프 요엘슨의 다음과 같은 말이 옳다는 것을 보여 준다.

> 전통적인 정신 치료에서는 병이 생기게 된 원인을 알아내 그것에 근거해 치료해야 한다고 주장해 왔다. 하지만 때에 따라서는 아주 어린 시절의 어떤 원인이 병을 일으킬 수 있고, 성인이 된 후 전혀 다른 원인이 이 병을 치유할 수 있다.**

신경 질환의 실제 원인에 관해 얘기해 보자. 신경 질환은 신체적이든 정신적이든 상관없이 예기 불안과 같은 피드백 기제가 근본적인 발병 원인인 것 같다. 어떤 증세가 공포를 낳고, 그 공포가 다시 증세를 유발하고, 이번에는 반대로 그 증세가 공포를 더욱 악화시키는 것이다.

** "Some comment on a Viennese School of Psychiatry," *The Journal of Abnormal and Social Psychology*, 51, 1955, pp.701~703.

이와 똑같은 악순환의 고리는 자신을 따라다니는 생각들과 끊임없이 싸우고 있는 강박증 환자에게서도 찾아볼 수 있다.* 하지만 그렇게 싸우는 것이 자기를 괴롭히고 있는 강박증에 더욱 힘을 실어 주는 결과를 초래한다. 그 압력이 반대편의 압력을 더욱 높이기 때문이다. 그러면 증상이 다시 악화된다.

이와는 반대로 환자가 강박증과 맞서 싸우기를 중단하고, 대신에 아주 반어적인 방식(역설 의도와 같은)으로 그것을 비웃어 주면 악순환의 고리가 끊어지고, 증세가 점점 약해지면서 결국에는 없어지고 만다. 이런 증상이 실존적 공허에 의한 것이 아닌 다행스러운 경우에는 환자가 자신의 신경증적 공포를 비웃는 데서 더 나아가 나중에는 아예 그것을 무시하게 된다.

이제까지 살펴본 것처럼 예기 불안은 역설 의도로 좌절시켜야 하고, 과잉 의도와 과잉 투사는 역투사의 방식으로 좌절시켜야 한다. 하지만 역투사는 환자가 자신의 삶에 주

* 강박증 환자는 자기가 정신병에 걸렸거나 아니면 머지않아 정신병에 걸릴 것이라는 두려움에 휩싸여 있다. 경험으로 볼 때 강박증이나 정신병으로 발전할 가능성은 거의 없고, 오히려 그것을 막아 준다는 사실을 환자가 모르기 때문에 생기는 두려움이다.

어진 특정한 과업과 사명을 바라보지 않으면 실현될 수 없다.**

자기 연민이든 멸시든 간에 환자가 자기 자신에게 관심을 집중함으로써 악순환의 고리가 끊어지는 것은 아니다. 치료의 핵심은 환자가 자기 자신을 초월하는 데 있다.

집단적 신경증

어떤 시대든 그 시대 나름의 집단적인 신경증이 있었고, 어느 시대나 그것을 극복하기 위한 나름의 치료법이 있었다. 현대의 집단적 신경증이라고 할 수 있는 실존적 공허는 허무주의가 개별적이고 개인적인 형태를 띠고 나타난 것이라 할 수 있다. 허무주의는 존재가 아무런 의미를 지니지 않는다고 주장하기 때문이다.

그러나 정신 치료법이 현대에 만연한 허무주의 철학의

** 이것은 다음과 같은 올포트의 말에서도 입증된다. "욕구의 초점이 갈등으로부터 사심 없는 목표로 옮겨지면 노이로제 증상이 완전히 없어지지는 않더라도 적어도 전체적인 삶이 더 건강해질 수 있다."

충격과 영향에서 벗어나지 않는 한 집단적으로 나타나는 이 증상을 치료할 수 없다. 치료하기는커녕 오히려 집단적인 신경증을 더욱 분명하게 드러내는 역할을 하게 될 것이다. 말하자면 정신 치료법이 허무주의 철학을 반영하게 될 뿐 아니라 환자에게 그 자신의 진정한 모습보다 캐리커처만을 보여 줄 가능성이 크다는 것이다.

인간이 '아무것도 아닌 존재'라는 가르침, 즉 인간은 생물적, 심리적, 사회적 조건의 결과물이거나 유전과 환경의 산물에 불과하다는 이론은 태생적으로 위험을 안고 있다. 인간을 이렇게 바라보는 시각은 환자에게 자기가 믿고자 하는 것, 즉 자기가 외적인 영향과 내적인 환경의 담보물이나 희생물이라고 믿게 한다. 이런 신경증적 숙명론은 인간이 자유로운 존재라는 것을 부정하는 심리 치료법으로 조성되고, 강화된다.

인간은 유한한 존재이고, 인간의 자유 또한 제한된 것이 분명하다. 하지만 여기서 말하는 자유란 조건으로부터의 자유를 말하는 것이 아니다. 그 조건에 대해 자기 태도를 보일 수 있는 자유를 말한다. 언젠가 나는 이렇게 말했다.

"신경학과 정신 의학 두 분야를 전공한 교수로서 나는 인간이 생물적, 심리적, 사회적 환경에 어느 정도까지 굴복할 수 있는지 잘 알고 있습니다. 하지만 더 나아가 강제 수용소를 네 곳이나 전전하다 살아 돌아온 사람으로서 상상을 초월하는 최악의 상황에서 인간이 믿을 수 없을 정도로 용감하게 저항하고 맞서 싸울 수 있다는 것을 직접 목격한 것도 사실입니다."*

범결정론에 대한 비판

정신 분석은 모든 문제를 성욕의 차원에서만 해석한다는 비판을 받는다. 이 비판이 타당한지 잘 모르겠다. 하지만 내가 볼 때, 정신 분석에는 이보다 훨씬 잘못되고 위험천만한 가정이라고 생각되는 게 있다. 그것은 바로 범결정론(Pan-determinism)이다. 범결정론은 어떤 조건에서든 자기 태도를 보일 수 있는 인간의 능력을 무시하는 인간관을 의미한다.

인간은 조건 지어지고 결정지어진 것이 아니라 상황에

* "Value Dimensions in Teaching". 캘리포니아 전문대학 연합회를 위해 디즈니 애니메이션에서 제작한 컬러텔레비전 프로그램.

굴복하든지 아니면 맞서 싸우든지 양단간에 스스로 판단을 내릴 수 있는 존재이다. 인간은 그저 존재하는 것이 아니라 앞으로 어떻게 존재할 것인지, 다음 순간에 어떤 일을 할 것인지 항상 판단을 내리며 살아가는 존재이다.

같은 맥락에서 이야기하자면, 인간은 어느 순간에도 바뀔 수 있는 자유가 있다. 따라서 우리가 예측할 수 있는 것은 오로지 거대한 인간 집단의 행동을 통계적으로 분석한 자료에서 얻은 사실뿐이고, 각 개인의 특성은 본질적으로 예측 불가능한 채로 남아 있다. 어떤 예측이라도 거기에는 그 사람이 처한 생물적, 심리적, 사회적 조건이 반영되어 있다.

하지만 인간 존재의 주요한 특징 중 하나는 인간에게는 그런 조건을 극복하고 초월할 수 있는 능력이 있다는 것이다. 인간은 가능하다면 세계를 더 나은 쪽으로 바꿀 수 있고, 필요하다면 자기 자신을 더 좋게 바꿀 수 있다.

여기서 J 박사의 얘기를 해 보겠다. 이 자리에서 자신 있게 이야기하는데, 그는 내가 일생 만나 본 사람 중에서 가장 메피스토펠레스 같은 사람, 즉 가장 악마 같은 사람이었다. 당시 그는 '슈타인호프(빈에 있는 큰 정신 병원)의 도살자'라고 불렸다. 나치가 안락사 프로그램을 시작했을 때, 그는 모든 권한을 손에 쥐고 자기 일에 혈안이 돼서 단 한 명의 정신병자도 가스실에서 도망가지 못하게 했다.

전쟁이 끝나고 빈에 있는 병원으로 돌아왔을 때, 나는 J 박사가 어떻게 됐는지 물어보았다.

"러시아 군인에게 잡혀서 슈타인호프의 독방에 갇혔습니다."

사람들이 말했다.

"그런데 그다음 날 보니 감방 문이 열려 있고, 그 후 아무도 J 박사를 보지 못했습니다."

나중에는 그가 다른 사람들과 마찬가지로 동료들의 도움을 받아 남미로 도망갔을 것이라고 믿었다.

그런데 최근에 당시 오랫동안 철의 장막에서 옥살이를 했던 전직 오스트리아 외교관 한 사람을 상담하게 됐다. 처음에 그는 시베리아에 있는 감옥에 있었고, 그 후 악명 높기로 유명한 모스크바 루비앙카 감옥에 있었다고 했다. 그런데 심리 검사를 하는 도중에 그가 불쑥 J 박사를 아느냐고 물었다. 내가 안다고 하자 그가 말을 이었다.

"루비앙카 감옥에서 그를 알게 됐습니다. 거기서 방광암으로 마흔 살쯤 죽었지요. 죽기 전에 그는 선생님이 상상할 수 없을 정도로 좋은 사람이었습니다. 모든 사람에게 위안을 주었지요. 그는 인간이 상상할 수 있는 가장 높은 수준의

도덕적 차원에 도달해서 생을 마감했습니다. 감옥에 그렇게 오래 있으면서 내가 사귄 사람 중에서 가장 좋은 친구였습니다."

이것이 '슈타인호프의 도살자' J 박사의 이야기이다. 그러니 우리가 어떻게 감히 인간 행동의 미래를 예측할 수 있겠는가? 기계나 자동 장치의 움직임에 대해서는 예측할 수 있다. 더 나아가 인간 정신(*psyche*)의 메커니즘이나 역동성을 예측하려고 노력할 수도 있다. 하지만 인간은 정신을 넘어선 존재이다.

그렇다고 자유가 결론은 아니다. 자유는 이야기의 일부분이고, 절반의 진실에 지나지 않는다. 책임이라는 적극적인 면의 일부분을 차지하고 있는 소극적인 면에 지나지 않는다. 사실 책임이 전제되지 않은 자유는 방종으로 전락할 위험이 있다. 내가 동부 해안에 있는 자유의 여신상에 보완이 되도록 서부 해안에 책임의 여신상을 세워야 한다고 주장하는 이유가 바로 여기에 있다.

정신 의학도의 신조

인간에게 자유가 허용되지 않는 상황은 있을 수 없다. 제한적이지만, 신경증 환자나 노이로제 환자에게도 자유는 있다. 정신병도 인간 실존의 가장 깊은 곳까지 침투하지는 못한다.

도저히 고칠 수 없는 정신병을 앓고 있는 사람, 비록 사회적으로 쓸모가 없을지도 모르지만 이런 사람에게도 인간으로서 존엄성은 있다. 그런 믿음이 없었다면 나는 정신과 의사가 되는 것이 가치 있는 일이라고 생각하지 않았을 것이다. 도대체 누구를 위해 정신과 의사가 됐단 말인가? 다시 고칠 수 없을 정도로 손상된 뇌라는 기계를 고치기 위해서? 만약 환자가 그 이상의 존재가 아니라면 안락사도 정당화될 수 있을 것이다.

인간의 얼굴을 한 정신 의학

아주 오랜 기간, 실제로 반세기 동안 정신 의학에서는 인간의 마음을 그저 하나의 수단으로만 보았고, 그 결과 정신 질환 치료를 하나의 테크닉으로만 간주했다. 하지만 나는 이제 이런 종류의 꿈은 충분히 꾸었다고 생각한다. 지금 수평선 너머로 어렴풋이 나타나기 시작한 것은 심리학의 얼굴을 한 의술이 아니라 인간의 얼굴을 한 정신 의학이다.

그러나 아직도 자신을 그저 하나의 기능인으로 생각하는 의사가 있다면, 그는 환자를 병 너머에 존재하는 하나의 인간으로 보는 것이 아니라 그저 하나의 기계로 보고 있다는 사실을 고백해야 할 것이다.

인간은 여러 개의 사물 속에 섞여 있는 또 다른 사물이 아니다. 사물들은 각자가 서로를 규정하는 관계에 있지만, 인간은 궁극적으로 자기 자신을 규정한다. 타고난 자질과 환경이라는 제한된 조건 안에서 어떤 사람이 될 것인가 하는 것은 전적으로 자신의 판단에 달려 있다.

나는 살아 있는 인간 실험실이자 시험장이었던 강제 수용소에서 어떤 사람들이 성자처럼 행동할 때, 다른 사람들은 돼지처럼 행동하는 것을 보았다. 사람은 내면에 두 가지 잠재력을 모두 가지고 있는데, 그중 어떤 것을 취하느냐 하는 문제는 전적으로 본인의 의지에 달려 있다.

우리 세대는 실체를 경험한 세대이다. 인간이 정말로 어떤 존재인지 알게 됐기 때문이다. 인간은 아우슈비츠 가스실을 만든 존재이자 또한 의연하게 가스실로 들어가면서 입으로 주기도문이나 〈셰마 이스라엘〉을 외울 수 있는 존재이기도 하다.

3 비극 속에서의 낙관

이 장은 1983년 6월, 서독 레겐스부르크 대학에서 열린 제3차 로고테라피 세계 대회에서 발표한 내용을 바탕으로 쓴 것이다.

I think of those youngsters who,
on a worldwide scale,
refer to themselves as the 'no future' generation.

비극 속에서의 낙관

'비극 속에서의 낙관'이라는 말이 무엇을 의미하는지 스스로 물어보자. 간단히 말하면 '세 개의 비극적인 요소'에도 인간은 현재는 물론, 앞으로도 계속 낙관적일 것이라는 의미이다. 로고테라피에서 말하는 이 '세 개의 비극적인 요소'는 인간의 삶을 제한하는 고통, 죄, 죽음을 의미한다.

실제로 이 장에서는 다음과 같은 질문을 던진다. 이 모든 비극에도 어떻게 삶에 '네'라고 대답하는 것이 가능한가? 질문을 다르게 바꾸면 이렇다. 이 모든 비극적인 요소에도 불구하고 삶은 어떻게 잠재적인 의미를 가질 수 있을까?

'그 모든 것에도 불구하고 삶에 '네'라고 대답하는 것'. 이 말은 독일어로 쓴 내 책의 제목이기도 하다. 어떤 상황에서도, 심지어는 가장 비참한 상황에서도 삶에 의미가 있다는 것을 전제하는 말이다.

또 이 말은 인간이 삶의 부정적인 요소를 긍정적이고 건설적인 것으로 바꿀 수 있는 창조적인 능력을 갖추고 있다는 전제가 되기도 한다. 다른 말로 하자면, 중요한 것은 어떤 주어진 상황에서도 최선을 다하는 것이다. '최선'은 라틴어로 '옵티멈(*optimum*)'이라고 하는데, 내가 '비극 속에서의 낙관(optimism)'이라는 말을 사용한 것도 바로 이 때문이다. 여기서 말하는 낙관은 비극에 직면했을 때 인간의 잠재력이 첫째 고통을 인간적인 성취와 실현으로 바꾸어 놓고, 둘째 죄로부터 자기 자신을 발전적으로 바꿀 수 있는 계기를 마련하며, 셋째 일회적인 삶에서 책임감을 가질 수 있는 동기를 끌어낸다는 의미이다.

하지만 낙관적인 생각은 명령이나 지시를 받아 생기는 것이 아님을 명심해야 한다. 모든 역경과 희망을 가리지 않고 낙관적이어야 한다고 강요할 수는 없다. 희망에 적용되는 것은 나머지 두 요소인 믿음과 사랑에도 적용된다. 믿음과 사랑도 명령하거나 지시할 수 없다는 말이다.

유럽 사람의 눈에는 미국 문화가 인간에게 '행복하기를' 끊임없이 강요하고 명령하는 것처럼 보인다. 하지만 행복은 얻으려 한다고 해서 얻어지는 게 아니라 어떤 일의 결과로 나타나는 것이다. 사람이 행복하려면 '행복해야 할 이유'가 있어야 한다. 일단 그 이유를 찾으면 인간은 저절로 행복해진다. 알다시피 인간은 행복을 찾는 존재가 아니라 주어진 상황에 내재한 잠재적인 의미를 실현함으로써 행복할 이유를 찾는 존재라고 할 수 있다.

이유가 필요한 것은 또 다른 인간적인 현상인 웃음에서

도 마찬가지이다. 만약 당신이 다른 사람을 웃게 하고 싶으면 그 사람에게 웃을 수 있는 이유를 제공하면 된다. 즉 우스운 이야기를 해서 그를 웃겨야 한다는 말이다. 다른 사람이나 자기 자신에게 웃음을 강요해서는 진정한 웃음을 끌어낼 수 없다. 그렇게 하는 것은 마치 카메라 앞에 선 사람에게 '치즈'라고 말하기를 강요하는 것과 같다. 그렇게 찍은 사진을 보면 사람들의 얼굴이 작위적인 웃음으로 얼어붙어 있음을 알 수 있다.

로고테라피에서는 그런 행동 패턴을 과잉 의도라고 부른다. 과잉 의도는 불감증이든 발기 부전이든 간에 성적인 문제로 신경 질환을 일으키는 중요한 요인이 된다. 자신을 상대방에게 내맡김으로써 자기 자신을 잊어야 하는데, 그러지 않고 직접적으로 오르가슴, 즉 성적인 쾌락을 과도하게 추구하면 할수록 성적인 쾌락을 추구하려는 욕구가 더 참담한 실패를 맛보게 된다. 소위 '쾌락을 얻어야 한다는 원칙'이 즐거움을 망쳐 버리는 것이다.

사람이 일단 의미를 찾는 데 성공하면, 그것이 그에게 행복을 가져다줄 뿐만 아니라 시련을 견딜 힘도 준다. 그렇다면 의미를 찾으려는 노력이 허사로 돌아가면 어떻게 될까? 아주 치명적인 결과가 나타날 수도 있다.

그 예로 포로 수용소나 강제 수용소와 같은 극한 상황에서 가끔 일어나는 일을 생각해 보자. 미군들이 말해 주었는데, 처음에는 '체념 상태'라고 부르는 행동 패턴이 나타난다. 강제 수용소에서는 체념 상태가 아침 다섯 시에 잠자리에서 일어나는 것은 물론, 밖으로 일하러 나가는 것도 거부하고, 대신 막사에 남아 똥과 오줌에 절은 짚더미 위에 누워 있기를 고집하는 행동으로 나타난다. 아무것도 그들의 마음을 바꿀 수 없다. 경고나 협박도 소용없다. 그런 다음에 아주 전형적인 행동을 한다. 주머니 깊숙이 감추어 두었던 담배를 꺼내 피우는 것이다. 바로 그 순간에 우리는 그가 앞으로 48시간 안에 죽을 것이라는 사실을 예감한다. 의미를 찾으려는 의지가 없어지고, 순간적인 쾌락의 추구가 뒤를 잇는 것이다.

매일매일 살아가면서 우리는 이와 비슷한 경우를 너무나 많이 본다. 나는 스스로 '미래가 없는' 세대라고 부르는 젊은이들을 생각해 본다. 이것은 한 나라에만 국한된 현상이 아니라 전 세계적으로 나타나는 보편적인 현상이다. 그런 젊은이들이 위안을 얻는 것이 담배가 아니라 마약이라는 것은 누구나 다 알고 있는 사실이다.

사실 마약 문제는 이보다 더 보편적인 집단 현상, 즉 현대

산업 사회의 보편적인 현상인 실존적 욕구의 좌절에서 나오는, 삶이 무의미하다는 생각의 일면을 반영하는 것이다. 삶이 무의미하다는 생각이 정신병 발병 요인에서 점점 더 커다란 비중을 차지한다고 주장하는 것은 로고테라피 치료 전문가들만이 아니다. 스탠퍼드 대학의 어빈 D. 얄롬(Irvin D. Yalom)은 《실존주의 심리 치료(Existential Psychotherapy)》에서 정신과 외래 진료소에서 연속하여 치료를 받았던 40명의 환자 중 12명(30퍼센트)이 바로 삶의 의미와 관련된 문제로 병을 얻었다고 보고한다.* 그곳에서 수천 마일 떨어진 팔로알토의 동부 지방에서 조사한 결과도 단지 1퍼센트밖에 차이가 나지 않았다. 가장 최근 빈에서 실시한 통계 조사를 보면 전체 인구의 29퍼센트가 자신의 삶에서 의미가 실종됐다고 호소했음을 알 수 있다.

삶이 무의미하다고 생각하는 원인을 듣고, 사람은 살아야 할 이유가 없어도 충분히 살 수 있다고 말하는 사람도 있을 것이다. 의미는 없지만, 수단은 가지고 있다는 말이다. 물론 어떤 사람들은 그 수단조차 가지고 있지 않다.

* Basic Books, New York, 1980, p.448.

이와 관련해 특히 현재 실직 상태에 있는 수많은 사람을 생각해 본다. 지금으로부터 50년 전에 나는 소위 '실업으로 인한 신경 질환'으로 고생하는 젊은 환자 중에서 특별한 종류의 우울증이라는 진단을 받은 환자를 연구하고, 그 결과를 책으로 출판했다.* 그 책에서 나는 이런 신경 질환이 두 개의 잘못된 의식에서 비롯됐다는 사실을 밝혔다. 일자리를 잃게 된 것을 자신이 쓸모없는 인간이 됐다는 것과 동일시하고, 쓸모없게 됐다는 것을 무의미한 삶을 살게 됐다는 것과 동일시한다는 것이다.

나는 환자들에게 청소년 기관이나 성인 교육 기관, 공공 도서관 혹은 이와 비슷한 기관에서 봉사하도록 권유했다. 말하자면 그들이 엄청나게 남아도는 자유 시간을 비록 돈은 받지 않지만 의미 있는 일에 쓸 수 있도록 한 것이다. 그러자 경제 상황에 변화가 없고 전과 같이 굶주리고 있음에도 그들의 우울증이 사라졌다. 사람이 복지 정책에만 의지해서 살아갈 수 없다는 것이 사실로 밝혀진 셈이다.

* "Wirtschaftskrise und Seelenleben vom Standpunkt des Jugendberaters," *Sozialärztliche Rundschau*, Vol.4(1933), pp.43~46.

한 개인이 처한 사회 경제적 상황이 원인인 실업 신경 질환과 함께 정신 의학이나 생화학적 조건이 원인인 또 다른 유형의 우울증이 있다. 따라서 정신 치료와 약물 치료는 별도로 실시돼야 한다. 하지만 삶이 무의미하다는 생각과 관련이 있는 경우에는 그것 자체가 병적인 문제가 아니라는 점, 자기가 인간이라는 것을 증명해 주는 어떤 신경 질환의 표시나 징후라는 점을 간과하거나 잊어서는 안 된다. 비록 병적인 것이 아니더라도 병적인 증상을 불러일으킬 수 있다. 다른 말로 하자면 잠재적으로 병을 일으킬 수 있는 요인을 갖고 있다는 말이다.

간단하게 요즘 젊은 세대 사이에 널리 퍼져 있는 집단적 신경 증후군에 대해 생각해 보자. 이 증후군이 보여 주는 세 가지 단면, 즉 우울증, 공격성, 약물 중독이 로고테라피에서 말하는 실존적 공허감, 곧 허무하고 무의미하다는 생각에서 나왔다는 사실을 경험적으로 뒷받침해 주는 증거들은 무수히 많다.

우울증이 모두 삶이 무의미하다는 생각에서 비롯된 것은 아니고, 자살(우울증의 결과로 가끔 일어난다)이 항상 실존적 공허감 때문에 일어나는 것도 아니다. 하지만 모든 자살 행위가 무의미하다는 생각에서 비롯된 것이 아닐지라도, 살아갈 만한 가치가 있는 어떤 의미와 목적을 알았다면 자기 생명을 빼앗으려는 충동을 극복할 수 있었을 것이다.

사람으로 하여금 삶의 의미를 갖도록 강하게 이끌어 주는 것이 자살을 방지하는 데 결정적인 도움이 된다면, 자살 위험이 있을 때 이를 중재해 보는 것은 어떨까? 젊었을 때 나는 4년 동안 오스트리아의 한 대형 병원 병동에서 일했다. 그곳에는 아주 상태가 심한 우울증 환자들이 입원해 있었는데, 대부분 자살을 기도한 다음 병원에 들어온 사람들이었다. 언젠가 계산해 봤더니 4년 동안 나는 무려 1만 2천 명의 환자를 치료한 것으로 나왔다. 그런 과정에서 나는 엄청나게 많은 경험을 축적할 수 있었고, 지금도 자살을 시도할 성향이 있는 환자를 대할 때마다 그 경험을 토대로 치료한다.

나는 그런 사람에게 환자들이 자살 시도가 미수에 그쳐서 얼마나 기뻤는지 반복해서 말했다고 설명한다. 자살에 실패한 지 몇 주일 후, 몇 달 후 그리고 몇 년 후 그들은 이렇게 회고했다. 당시에도 자기에게 문제를 해결할 방법이 있었고, 의문에 대한 해답이 있었으며, 삶에 의미가 있었다는 것을.

"비록 사정이 좋아질 확률이 천 분의 일이라고 할지라도."

나는 말을 이었다.

"그런 일이 당신에게 어느 날 조만간 일어나지 않으리라는 보장이 어디 있습니까? 우선은 그 일이 일어날 날을 보기 위해 살아야 하고, 그날이 밝아 오는 것을 보기 위해 살아남아야 합니다. 그리고 지금부터는 살아남아야 할 책임감이 당신을 그냥 내버려두지는 않을 겁니다."

집단 신경 증후군의 두 번째 요소인 공격성과 관련해서는 캐럴린 우드 셰리프(Carolyn Wood Sherif)가 주관했던 한 실험에 관해 얘기해 보려고 한다. 그녀는 인위적으로 보이 스카우트 그룹들이 서로 공격성을 갖게 했다. 그런 다음에 지켜보니 소년들이 같은 목표를 가지고 행동할 때만 공격성이 누그러진다는 사실을 관찰했다. 공동의 목표는 자기들이 먹을 음식이 실린 차를 진흙 구덩이에서 꺼내는 일 같은 것이었다. 공동의 목표가 생기자마자 자신들이 달성해야 할 목표의 도전을 받았고, 서로 협동하게 됐다.*

세 번째 문제인 중독에 관해서는 안네마리 폰 포르스트

* 이 실험에 관한 자세한 정보는 빅터 프랭클의 저서를 보라. *The Unconscious God*, New York, Simon and Schuster, 1978, pp.140; 《의미를 향한 소리 없는 절규》(청아출판사)

마이어(Annemarie von Forstmeyer)가 발표한 연구 결과가 생각난다. 시험과 통계 자료가 증명하는 바와 같이, 그녀는 자신이 조사한 알코올 중독자의 90퍼센트가 스스로 아무 의미가 없다는 극단적인 생각에 빠져 있다고 말했다. 또한 스탠리 크리프너(Stanley Krippner)가 연구한 약물 중독자의 100퍼센트가 "모든 것이 무의미해 보인다."라고 답한 것으로 나타났다.*

이제 의미에 대한 질문 그 자체로 돌아가 보자. 우선 로고테라피 치료 전문가는 환자가 살아가면서 마주한 각각의 개별적인 상황에 내재된 잠재적인 의미에 관심을 둔다는 점을 분명히 하고 싶다. 물론 인간의 전 생애를 포괄하는 총체적인 삶의 의미가 있다는 것을 부인하지는 않지만, 여기서는 환자의 삶 전체가 갖는 의미에 대해서는 얘기하지 않으려고 한다.

유사한 예로 영화를 들어 보자. 영화는 수천 개의 장면으로 이루어져 있고, 각각의 장면마다 뜻이 있고 의미가 있다. 하지만 영화의 전체적인 의미는 마지막 장면이 나오기 전까

* *The Unconscious God*, pp.97~100;《의미를 향한 소리 없는 절규》(청아출판사)

지 드러나지 않는다. 영화를 구성하고 있는 각 부분, 개별적인 장면들을 보지 않고서는 영화 전체를 이해할 수 없다.

삶도 이와 마찬가지가 아닐까? 삶의 최종적인 의미 역시 임종 순간에 드러나는 것은 아닐까? 이 최종적인 의미는 각 상황의 잠재적인 의미가 각자의 지식과 믿음에 따라 최선의 상태로 실현됐는가, 아닌가로 결정되는 것이 아닐까?

로고테라피 치료라는 각도에서 보면, 의미와 그 의미에 대한 인식은 허공에 떠 있거나 상아탑 안에 있는 것이 아니라 철저하게 현실에 발을 딛고 있어야 한다는 문제가 제기된다. 간단하게 말해서 나는 의미에 대한 인식(하나의 구체적인 상황이 지닌 개인적인 의미에 대한 인식)을 카를 뷜러(Karl Bühler)** 의 개념과 같은 노선에 있는 '아하' 경험과 막스 베르트하이머(Max Wertheimer) 이론의 노선에 있는 게슈탈트 지각 사이의 중간쯤에 놓고 싶다. 의미에 대한 지각은 고전적인 개념

** 독일 심리학자. 사고를 할 때 심상은 필요하지 않고 심상이 모호해져도 사고는 모호해지지 않으며, 사고는 목적 지향적이고 창조적인 과제 해결을 지향한다고 주장했다. '아하' 경험이란 인간은 '아하 그렇구나' 하고 어떤 것을 깨닫는 과정을 통해 무엇인가를 배우게 되며, 이 깨달음은 점진적으로 이루어지는 것이 아니라 어느 한순간에 갑자기 이루어진다는 이론을 말한다.

의 게슈탈트 지각과는 다르다. 게슈탈트 지각*은 어떤 '토대'에서 어떤 '형태'를 갑자기 인식한다는 것을 뜻한다. 반면 의미에 대한 지각은 현실에 깔린 가능성을 깨닫도록 만든다. 더 쉽게 말하자면 주어진 상황에서 어떤 일이 행해져야 하는가를 깨닫게 한다는 말이다.

그렇다면 인간은 어떤 방법을 통해 의미를 '찾을' 수 있을까? 샬럿 뷜러(Charlotte Bühler)는 말했다.

"우리가 할 수 있는 일이란 인간의 삶이 궁극적으로 무엇인가라는 질문에 대한 해답을 찾은 사람들의 삶을 그렇지 못한 사람들의 삶과 비교하며 공부하는 것뿐이다."**

물론 이런 전기적인 접근법에 생물학적인 접근법을 가미할 수도 있다. 로고테라피는 양심을 프롬프터(유도자)라고 생각한다. 양심은 주어진 삶의 조건 속에서 우리가 어떤 방향으로 움직여야 할지 판단해 준다. 이런 과제를 수행하려

* 형태 심리학파 이론으로, 여러 개의 자극이 존재할 때 인간은 그 자극 하나하나를 지각하기보다 몇 개의 자극을 서로 연관시키거나 분리시켜 하나의 통합된 자극으로 지각한다는 이론.

** "Basic Theoretical Concepts of Humanistic Psychology," *American Psychologist*, XXVI(April 1971), p.378.

면 양심은 그 사람이 처한 상황에 잣대를 갖다 대야 하고, 상황은 일련의 판단 기준과 가치의 중요도에 따라 평가해야 한다.

하지만 이 가치들은 우리가 의식할 수 있는 차원에서 형성된 것이 아니다. 가치들은 우리 자신을 구성하고 있는 그 무엇으로, 인류의 진화 과정을 통해 구체화돼 왔다. 그 가치들은 인간이 하나의 생물로서 살아온 지난날의 역사에 기반을 두고 있으며, 심오한 곳에 뿌리내리고 있다. 콘라트 로렌츠(Konrad Lorenz)도 '생물학적 아 프리오리(*a priori*)[***]'라는 개념을 창안하면서 아마 이와 비슷한 생각을 했던 것 같다.

최근에 나는 그와 함께 가치를 평가하는 과정에 깔려 있는 생물학적 토대에 대해 의견을 나눈 적이 있었다. 그때 그는 전적으로 내 생각에 동의했다. 만약 어떤 사람이 가치의 문제를 이미 인식하고 있다면, 그것은 그가 물려받은 생물학적 유산에 그것이 들어 있기 때문이라고 할 수 있다.

로고테라피에서 말하듯이, 삶의 의미에 도달하는 데는 세 가지 길이 있다. 첫 번째는 일을 하거나 어떤 행위를 하는 것

[***] *a priori*, '먼저 이루어진 것부터'라는 의미의 라틴어 성구로, '선험적'이라고 번역한다.

을 통해서이다. 두 번째는 어떤 것을 경험하거나 어떤 사람을 만나는 것을 통해서이다. 다른 말로 하자면 의미는 일을 통해서뿐만 아니라 사랑을 통해서도 찾을 수 있다는 얘기다.

에디트 바이스코프 요엘슨은 이런 상황을 보면서 '무엇을 경험하는 것이 무엇을 성취하는 것만큼 가치 있는 것이라는 로고테라피 치료상의 개념'이 정말로 치료에 도움이 된다는 사실을 알게 됐다. 그것이 내적인 경험의 세계를 희생시키면서 외적인 성취의 세계에만 지나치게 편중되는 것을 보완해 주기 때문이다.*

하지만 뭐니 뭐니 해도 가장 중요한 것은 삶의 의미로 들어가는 세 번째 길이다. 자기 힘으로 바꿀 수 없는 운명에 처한, 절망적인 상황에 놓인 무력한 희생양도 그 자신을 뛰어넘고, 그 자신을 초월할 수 있다. 인간은 개인적인 비극을 승리로 바꾸어 놓을 수 있다. 앞 장에서 이미 얘기했던 것처럼 에디트 바이스코프 요엘슨은 로고테라피에 대한 희망을 이렇게 피력했다.

* "The Place of Logotherapy in the World Today," *The International Forum for Logotherapy*, Vol.1, No.3(1980), pp.3~7.

"로고테라피가 오늘날 미국 문화가 지닌 건전하지 못한 성향을 근절시키는 데 도움을 줄 수 있을 것으로 기대한다. 오늘날 미국에는 자신의 시련을 자랑스러워하거나 부끄럽게 여기지 않고, 그것을 품위 있는 것으로 만들 기회를 거의 갖지 못한 치유 불가능한 환자들이 많이 있다. 그런 사람들은 불행할 뿐만 아니라 자신이 불행하다는 사실을 부끄러워하고 있다."

나는 인생의 4분의 1을 종합 병원 신경정신과에서 근무했으며, 그동안 자신의 곤경을 인간적인 성취로 바꾼 환자들의 능력을 보아 왔다. 그런 사례에 덧붙여 인간이 시련 속에서도 의미를 찾을 수 있다는 가능성을 제시해 주는 실제적인 증거도 있다. 예일 대학교 의과 대학 연구원들은 "베트남 전쟁 포로 중 포로 생활의 엄청난 스트레스(고문과 질병, 영양실조, 독방 감금 등)에도 그것이 자기 성장에 도움이 되는 경험이며, 그런 면에서 이로운 점이 있다고 공공연하게 선언한 많은 사람을 보고 깊은 감명을 받았다."라고 얘기했다.**

** W. H. Sledge, J. A. Boydstun and A. J. Rabe, "Self-Concept Changes Related to War Captivity," *Arch. Gen. Psychiatry*, 37(1980), pp.430~443.

'비극 속에서의 낙관' 중에서 내가 가장 강력하게 동조하는 것은 라틴어로 소위 '인간에 대한 논의(*argumenta ad hominem*)'라고 하는 것이다. 제리 롱은 로고테라피에서 말하는 '인간 정신의 도전력'*을 보여 주는 산증인이다. 〈텍사캐나 가제트(Texarkana Gazette)〉지에 의하면, 제리 롱은 3년 전에 다이빙하다가 사고를 당해 목 아래가 마비됐다. 사고를 당했을 때 그는 열일곱 살이었다. 요즘 롱은 입에 막대를 물고 타이프를 친다. 그는 특수하게 고안된 전화기로 지역 사회 대학에서 제공하는 강좌를 두 개 듣고 있다. 인터컴을 통해 롱은 강의를 듣고 토론에도 참가한다. 그는 독서를 하고, 텔레비전도 보고, 글도 쓰면서 시간을 보내고 있다. 나에게 보낸 편지에서 제리 롱은 이렇게 말했다.

> 나는 내 삶이 의미와 목표가 충만한 삶이라고 생각합니다. 그 운명의 날에 대한 내 태도가 삶을 바라보는 나 자신의 신조가 됐습니다. 나는 내 목을

* "The Defiant Power of the Human Spirit." 이것은 실제로 제리 롱이 1983년 6월에 열린 제3차 로고테라피 세계 대회에서 발표한 강연 제목이다.

부러뜨렸지만, 내 몸이 나를 무너뜨리지는 못했습니다. 지금은 대학에서 처음으로 심리학 과목을 듣고 있습니다. 장애가 다른 사람들을 돕는 내 능력을 더욱 향상시켜 줄 것이라고 확신합니다. 시련이 없었다면 내가 지금 도달한 인간적인 성숙은 불가능했을 것입니다.

이 말이 곧 삶의 의미를 찾는 데 시련이 반드시 필요하다는 것을 뜻하는 것일까? 물론 아니다. 2장에서도 얘기했지만 내가 주장하고 싶은 것은 시련을 피할 수 없는 상황이더라도 거기서 여전히 유용한 의미를 찾아낼 수 있다는 것이다. 하지만 만약 피할 수 있는 시련이라면, 그 원인을 제거하는 것이 더 의미 있다. 불필요한 시련을 견디는 것은 영웅적인 행동이 아니라 자학에 불과하기 때문이다.

반면, 시련을 겪게 하는 상황을 변화시킬 수는 없지만, 그에 대한 자신의 태도를 선택할 수는 있다.** 롱은 자기 목이

** 오스트리아 텔레비전에서 보았던 한 사람의 인터뷰 장면이 생각난다. 그는 폴란드 출신 심장병 전문의로, 제2차 세계 대전 당시 바르샤바 게토 폭동을 주도했던 사람이다. "정말 영웅적인 행동이었습니다." 기자가 외치자 그가 조용히 말했다. "들어 보세요. 총을

부러지도록 선택한 것이 아니지만, 그 일 때문에 자기 자신이 무너지도록 내버려두지 않겠다고 결심했다.

보다시피 우선해야 할 것은 시련을 가져다주는 상황을 창조적으로 바꾸는 일이다. 하지만 그것이 여의치 않다면 '시련에 대처하는 방법을 아는 것'이 무엇보다 중요하다. 보통 사람들, 글자 그대로 '길거리를 오가는 사람들'이 모두 이 말에 동의하고 있다는 실제적인 증거가 있다.

최근 오스트리아에서 실시한 여론 조사를 보면, 조사에 응한 사람 대부분에게 가장 높은 평가를 받은 사람은 유명한 예술가도 아니고, 유명한 과학자도 아니었다. 유명한 정치가도 아니고, 유명한 운동선수도 아니었다. 그들로부터 가장 높은 평가를 받은 사람은 당당하게 곤경을 이겨 낸 사람들이었다.

이제 비극의 세 가지 요소 중 두 번째에 해당하는 죄에 관

들고 쏘는 것은 그렇게 대단한 일이 아닙니다. 하지만 만약에 나치 대원이 당신을 가스실로 끌고 간다면, 혹은 공동묘지로 데리고 가서 그 자리에서 처형하려고 한다면 대항할 수 있는 일이 아무것도 없을 겁니다. 인간으로서의 품위를 지키면서 자기 운명을 그대로 받아들이는 일밖에는요. 보세요. 영웅적인 행위라는 건 바로 이런 것을 말합니다." 말하자면 어떤 태도를 보임으로써 얻을 수 있는 영웅주의이다.

한 논의를 시작하려고 한다. 하지만 여기서 말하는 죄는 신학적인 개념의 죄와는 거리가 멀다. 나는 소위 '죄의 미스터리(*mysterium iniquitatis*)'라는 것을 이야기하려고 한다. 이것은 결국 죄를 발생시킨 생물학적, 심리적, 사회적 요인을 충분히 고려하지 않으면, 그 죄는 설명할 수 없는 것으로 남게 된다는 것을 의미한다. 어떤 사람의 범죄 그 자체만 설명하는 것은 죄에 대한 변명에 지나지 않고, 죄지은 사람을 자유 의지와 책임을 지닌 하나의 인간으로 보는 것이 아니라 수리해야 할 기계로 보는 것과 같다. 하지만 심지어 범죄자들조차도 이런 식으로 취급받는 것을 싫어한다. 그들은 오히려 자기가 한 행동에 대해 책임지기를 원한다.

일리노이에 있는 한 교도소에서 형을 살고 있는 어떤 기결수는 나에게 보낸 편지에서 다음과 같이 개탄했다.

> 죄수에게는 자기 자신에 대해 설명할 기회가 한 번도 주어진 적이 없습니다. 여러 가지 변명거리 중에서 하나를 선택할 기회만 있었지요. 사회가 비난을 받아야 하는데, 많은 경우 비난의 화살이 희생자에게 돌아갑니다.

샌퀜틴 교도소 수감자들 앞에서 강의할 때 나는 이렇게 말했다.

"여러분도 저와 같은 인간입니다. 인간으로서 죄를 짓고 죄인이 되는 것은 여러분의 자유입니다. 하지만 이제는 죄를 털고 일어나 자기 자신을 초월해서 성장하고, 더 나은 사람이 됨으로써 그 죄를 극복해야 할 책임이 여러분에게 있습니다."

그들은 내 말을 이해했다.* 그 후 프랑크 E. W라는 전과자로부터 짧은 편지 한 통을 받았다. 거기에는 이렇게 쓰여 있었다.

> 저는 과거 흉악범이었던 사람들을 대상으로 하는
> 로고테라피 모임에 참가하기 시작했습니다.
> 우리 27명은 굳게 결속돼 있었으며, 새로 들어온
> 사람은 처음부터 모임에 있었던 우리가 힘껏 도와준
> 덕분에 다시는 감옥에 들어가지 않고 살고 있습니다.

* 다음 책을 참고하라. Joseph B. Fabry, *The Pursuit of Meaning*, New York, Harper and Row, 1980.

그중에서 오직 한 사람만 다시 감옥에 들어갔는데, 그 사람도 지금은 자유의 몸입니다.**

집단적 죄책감의 개념에 대해 애기하자면, 나는 개인적으로 한 개인이 다른 개인이나 집단의 행동에 책임을 져야 한다고 주장하는 것은 옳지 않다고 생각한다. 제2차 세계 대전이 끝난 후, 나는 지칠 줄 모르고 집단적 죄책감이라는 개념에 대해 공개적으로 반대했다.*** 하지만 이런 고정 관념으로부터 사람들을 떼어 놓으려면 요령 있는 가르침이 필요할 때가 많았다.

한번은 한 미국 여자로부터 이런 비난을 들은 적이 있다.

"당신은 어떻게 아직도 책을 독일어로 쓸 수가 있지요? 그건 아돌프 히틀러가 쓰던 말 아닙니까?"

이 말을 듣고 나는 그녀에게 집 부엌에 칼이 있는지 물었다. 그녀가 있다고 대답했다. 나는 놀라고 당황한 척하면서

** 빅터 프랭클의 《의미를 향한 소리 없는 절규》를 보라.

*** 빅터 프랭클의 다음 책을 참고하라. *Psychotherapy and Existentialism*, New York, Simon and Schuster, 1968.

이렇게 소리쳤다.

"살인자들이 칼로 그렇게 많은 사람을 찌르고 죽였는데 어떻게 아직도 칼을 사용할 수가 있지요?"

그 말을 듣고 그녀는 더 이상 내가 독일어로 책을 쓰는 것을 비난하지 않았다.

비극의 세 가지 요소 중 세 번째 것은 죽음에 관한 것이다. 그러나 또한 삶에 관한 것이기도 하다. 삶의 순간을 구성하고 있는 각각의 시간은 끊임없이 죽어 가고 있으며, 지나간 순간은 다시 돌아오지 않기 때문이다. 이런 삶의 일회성이야말로 우리에게 삶의 각 순간을 최대한 활용해서 살아야 한다는 사실을 일깨워 주는 것이 아닐까? 그것은 분명 그렇다. 따라서 나는 이렇게 권한다.

> 두 번째 인생을 사는 것처럼 살아라. 그리고 당신이 지금 막 하려고 하는 행동이 첫 번째 인생에서 그릇되게 했던 바로 그 행동이라고 생각하라.

사실 적절하게 행동할 기회와 의미를 실현할 잠재력은 우리 삶이 돌이킬 수 없는 것이라는 데 영향을 받는다. 물론 잠재적 가능성 그 자체도 큰 영향을 받는다. 우리가 그 기회를 써버리자마자, 잠재적인 의미를 실현하자마자 단번에 모든 일을 한 것이 되기 때문이다.

우리는 그것을 과거 속으로 보내고, 그 속에서 안전하게 전달되고 보존된다. 과거 속에서는 돌이킬 수 없는 상실이 있을 수 없다. 오히려 그 반대로 모든 것들이 돌이킬 수 없는 상태로 저장되고 보존된다. 사람들은 그루터기만 남은 일회성이라는 밭만 보고, 자기 인생의 수확물을 쌓아 놓은 과거라는 충만한 곡물 창고를 간과하고 잃어버리려는 경향이 있다. 수확물에는 그가 해 놓은 일, 사랑했던 사람 그리고 용기와 품위를 가지고 견딘 시련들이 포함되어 있다.

이런 견지에서 본다면, 나이 든 사람을 불쌍하게 여길 이유가 전혀 없을 것이다. 오히려 젊은 사람들은 나이 든 사람을 부러워해야 한다. 물론 나이 든 사람에게는 미래도 없고, 기회도 없는 것이 사실이다. 하지만 그들은 그 이상의 것을 가지고 있다. 미래에 대한 가능성 대신 과거 속 실체, 즉 그들이 실현했던 잠재적 가능성들, 그들이 성취했던 의미들, 그들이 깨달았던 가치들을 가지고 있다. 그리고 세상의 그 어떤 것도, 그 누구도 과거가 지닌 이 자산들을 가져갈 수 없다.

시련 속에서 의미를 찾을 수 있다는 가능성의 견지에서 보자면, 삶의 의미는 절대적인 것이다. 적어도 가능성이라는 측면에서는 그렇다. 그리고 그 절대적인 의미는 각 개인이 지닌 절대적인 가치와 보조를 같이한다. 바로 이것이 인간의 존엄성을 보장해 주는 것이다.

어떤 상황에서, 심지어는 가장 비참한 상황에서도 삶은 잠재적으로 의미 있는 것이다. 마찬가지로 각 개인의 가치는 언제나 그 사람과 함께 있다. 그것은 그 사람이 과거에 실현한 가치에 기반하고 있기 때문이다. 현재의 그 사람이 쓸모 있느냐, 없느냐 하는 조건에 기반을 둔 것은 절대 아니다.

좀 더 자세하게 말하자면 이런 유용성은 그 사람이 사회에 이로운 존재인가, 아닌가 하는 기능적인 측면에 초점을 맞춰 정의되는 경우가 대부분이다. 그 사람이 이루어 낸 성과를 무엇보다 중요하게 여기고, 사회적으로 성공하고 행복한 사람, 특히 젊은 사람을 숭배하는 것이 요즘 사회의 특징이다.

실제로 이 사회는 그렇지 않은 사람들의 가치를 무시한다. 그렇게 함으로써 인간의 존엄성이라는 측면에서 가치 있는 것과 인간의 유용성이라는 측면에서 가치 있는 것 사이에 놓여 있는 엄청난 차이를 애매모호한 것으로 만든다.

만약 이런 차이를 인식하지 못하고, 인간의 가치가 오로지 현재 그 사람이 지닌 유용성에서 나온다고 생각하는 사람이 있다면, 그는 히틀러의 계획에 따라 자행된 안락사, 즉 나이가 들어서, 불치의 병에 걸려서, 정신적으로 온전치 못해서, 혹은 고통스러운 장애 때문에 사회적으로 더 이상 쓸모없게 된 사람들을 죽였던 '자비로운' 행위에 대해 변명하려고 하지 않을 것이다. 그것을 오로지 개인적인 모순의 탓으로 돌려 버린다.

인간의 존엄성을 단순한 유용성과 혼동하는 것은 개념상의 혼동에서 비롯된 것이다. 이런 개념상 혼동의 근원은 현재 대학 캠퍼스는 물론, 정신 분석 치료실까지 널리 퍼져 있는 현대의 허무주의로 거슬러 올라갈 수 있다. 심지어는 정신 분석을 훈련하는 과정에서도 그런 세뇌 작업이 이루어질 수 있다.

허무주의는 아무것도 없다고 주장하지 않는다. 그 대신 모든 것이 무의미하다고 말한다. 조지 A. 사전트(George A. Sargent)가 이것을 '학습된 무의미함'이라고 한 것은 전적으로 맞는 표현이다. 그는 자기에게 이렇게 말했던 치료사를 기억하고 있다.

"조지, 당신은 세상이 그저 우스갯소리에 지나지 않는다는 것을 알아야 합니다. 정의란 것은 없고 모든 것이 뒤죽박죽입니다. 이것을 알아야만 자기 자신을 진지하게 생각하는 것이 얼마나 어리석은 일인지 이해하게 됩니다. 세상에 위대한 목표라는 건 없습니다. 그저 그것일 뿐이지요. 당신이 오늘 어떻게 행동할까 결정하는 행위에는 아무 특별한 의미도 없습니다."*

이런 비판을 일반화해서는 안 된다. 원칙적으로 볼 때 훈련은 필수적이다. 하지만 그럴 때 치료사는 훈련받는 사람에게 자신의 허무주의를 방어하려는 도구로 냉소주의를 심어주기보다는 허무주의에 대한 면역력을 키워 주어야 한다.

로고테라피 치료사들이 다른 정신 치료 학파에서 규정한 훈련 내용과 면허 요건을 따를 수도 있다. 다른 말로 하자면, 필요하다면 늑대들과 함께 울부짖을 수도 있다는 말이다. 하지만 그렇게 하려면 늑대의 탈을 뒤집어쓴 양이 되어야 한다.

인간에 대한 기본 개념과 로고테라피에 내재한 인생 철

* "Transference and Countertransference in Logotherapy," *The International Forum for Logotherapy*, Vol.5, No.2(Fall/Winter 1982), pp.115~118.

학의 원칙에 충실하지 않을 이유가 없다. 엘리자베스 S. 루카스(Elisabeth S. Lukas)가 지적했듯이, "정신 치료 역사상 로고테라피만큼 독단적이지 않은 학파는 이제까지 없었다."**라는 점을 고려하면, 그런 충실함을 유지하는 것은 그다지 어려운 일이 아닐 것이다. 그런가 하면 나는 제1회 로고테라피 세계 대회(캘리포니아주 샌디에이고, 1980년 11월 6~8일)에서 정신 치료를 다시 인간 중심적인 것으로 돌려놓아야 한다고 역설하면서 '로고테라피의 탈지도자화'를 주장하기도 했다.

내 관심은 '주인의 목소리'를 그저 흉내 내기만 하는 앵무새를 키우는 데 있는 것이 아니라 독립적이고, 독창적이고, 혁신적이고, 창의적인 영혼에게 희망의 횃불을 전달하는 데 있다.

지그문트 프로이트는 이렇게 주장했다.

"다양한 사람들을 모두 똑같이 굶주림에 시달리도록 해

** 로고테라피는 정신 요법에 관심 있는 사람들에게 강요된 것이 아니다. 로고테라피는 전통 시장보다는 오히려 슈퍼마켓과 비슷하다. 전통 시장에서는 손님들에게 무엇을 사라고 권하지만, 슈퍼마켓에서는 여러 종류의 물건들을 진열해 놓고 손님이 자기에게 유용하고 가치 있는 물건을 고르도록 한다.

보자. 배고픔이라는 절박한 압박이 점점 커짐에 따라 개인의 차이는 모호해지고, 그 대신 채워지지 않은 욕구를 표현하는 단 하나의 목소리만 나타나게 된다."

감사하게도 지그문트 프로이트는 강제 수용소 안에서 일어난 일을 몰랐다. 그의 환자는 빅토리아풍으로 호화롭게 디자인된 침상에 누워 있었지, 아우슈비츠의 오물더미 위에 누워 있는 것이 아니었다. 하지만 프로이트의 말과는 달리, 강제 수용소에서 '개인의 차이'가 모호해지지 않았다. 오히려 차이점이 더욱 분명하게 드러났다. 사람들은 가면을 벗고, 돼지와 성자의 두 부류로 나누어졌다. 그런 것을 경험하고, 우리는 더 이상 '성자'라는 말을 사용하는 데 주저하지 않게 됐다. 나는 막시밀리안 콜베 신부를 생각한다. 그는 아우슈비츠에서 굶주림에 시달리다가 결국 석탄산 주사를 맞고 살해됐다. 그리고 1983년에 성자로 추대됐다.

여러분은 원칙에 어긋나는 예외적인 경우만 들었다고 나를 비난할지도 모른다. "그러나 모든 위대한 것은 그것을 발견하는 것만큼이나 실현하는 것도 힘들다(*Sed omnia praeclara tam difficilia quam rara sunt*)." 스피노자의 《윤리학》 마지막 문장이다.

여러분은 우리가 굳이 '성자'에 대해 이야기할 필요가 있을까 하는 의문이 생길 것이다. 그저 '훌륭한' 사람에 관해 얘기하는 것만으로 충분하지 않을까. 이렇게 생각할 수도 있다. 물론 그런 사람들이 소수인 것은 사실이다.

그리고 아마 앞으로도 그런 사람들은 언제나 소수일 것이다. 그러나 바로 그 때문에 나는 소수의 반열에 합류하려는 도전 의지를 본다. 세상은 지금 아주 좋지 않은 상태에 있고, 우리 각자가 최선을 다하지 않으면 모든 것이 더욱더 나빠질 것이기 때문이다.

그러니 이제 경계심을 갖자. 두 가지 측면에서의 경계심을.

> 아우슈비츠 이후 우리는 인간이 무엇을 할 수 있는지 알게 됐다.
> 그리고 히로시마 이후 우리는 무엇이 위험한지 알게 됐다.

빅터 프랭클이 저술한 모든 책과 온라인 참고 문헌은 빅터 프랭클 연구소 홈페이지(https://viktorfrankl.org/)에서 확인할 수 있다.

- Man's Search for Meaning. An Introduction to Logotherapy. Beacon Press, Boston, 2006; and Random House/Rider 2008
- The Doctor and the Soul. From Psychotherapy to Logotherapy. Alfred A. Knopf, New York, 1986. Paperback edition: Souvenir, London, 2004
- The Will to Meaning: Foundations and Applications of Logotherapy. New York and Cleveland, The World Publishing Company, 1969. Paperback edition, New American Library, New York, 1989
- The Unheard Cry for Meaning. Psychotherapy and Humanism. Simon and Schuster, New York, und Hodder and Stoughton, London, 1988

- Viktor Frankl — Recollections. An Autobiography. Insight Books, Perseus Books Publishing, New York 1997; Paperback edition: Perseus Book Group, New York, 2000
- Man's Search for Ultimate Meaning. (A revised and extended edition of The Unconscious God; with a Foreword by Swanee Hunt). Perseus Book Publishing, New York, 1997; Paperback edition: Perseus Book Group; New York, 2000
- On the Theory and Therapy of Mental Disorders. An Introduction to Logotherapy and Existential Analysis. Translated by James M. DuBois. Brunner-Routledge, London-New York 2004
- The Feeling of Meaninglessness — A Challenge to Psychotherapy and Philosophy. Edited & with an Introduction by Alexander Batthyany. Marquette University Press, Milwaukee 2010; Marquette Studies in Philosophy Vol. 60

빅터 프랭클의
죽음의 수용소에서

초판 1쇄 발행 · 2005.8.10.
20주년 기념판(보급판) 1쇄 발행 · 2026.1.2.

—

지은이 빅터 프랭클
옮긴이 이시형
발행인 이상용, 이성훈
발행처 청아출판사
출판등록 1979.11.13. 제9-84호
주소 경기도 파주시 회동길 363-15
대표전화 031-955-6031 팩스 031-955-6036
전자우편 chungabook@naver.com

—

ISBN 978-89-368-1262-1 03180

—

값은 뒤표지에 있습니다.
잘못된 책은 구입한 서점에서 바꾸어 드립니다.
본 도서에 대한 문의사항은 이메일을 통해 주십시오.